博客：http://blog.sina.com.cn/bjwpcpsy
微博：http://weibo.com/wpcpsy

然健康

肖然 著

七种体型
隐藏的心灵密码

世界图书出版公司

北京·广州·上海·西安

图书在版编目（CIP）数据

七种体型隐藏的心灵密码/肖然著. -- 北京：世界图书出版公司北京公司，2015.3（2024.3重印）

ISBN 978-7-5100-9551-1

Ⅰ.七… Ⅱ.①肖… Ⅲ.①心理学－通俗读物 Ⅳ.①B84-49

中国版本图书馆CIP数据核字(2015)第060696号

七种体型隐藏的心灵密码

著　　者：肖　然
责任编辑：李晓庆　于　彬
装帧设计：刘　岩

出　　版：世界图书出版公司北京公司
发　　行：世界图书出版公司北京公司
销　　售：全国新华书店
印　　刷：河北鑫彩博图印刷有限公司

开　　本：787 mm×1092 mm　1/16
印　　张：18
字　　数：200千
版　　次：2015年5月第1版　2024年3月第11次印刷

ISBN 978-7-5100-9551-1　　　　　　　　　　　　　定价：48.00元

版权所有　翻印必究

目录

第一章　与身体对话

疾病是一种不健康的生活方式　　　　　　　　　*006*

疾病是一个未完成事件　　　　　　　　　　　　*007*

疾病是一个固化的信念或观点　　　　　　　　　*008*

疾病是一种不和谐的家庭关系　　　　　　　　　*010*

第二章　*成就型：世界是个竞技场*

妈妈，请你爱我！　　　　　　　　　　　　　　*016*

高高隆起的肩颈——成就型的外在表现　　　　　*030*

能干人心里的眼泪——成就型的内心世界　　　　*032*

自我调节——假如你是成就型　　　　　　　　　*035*

第三章　*浪漫型：红消香断有谁怜*

因为爱情　　　　　　　　　　　　　　　　　　*044*

塌陷的肩颈——浪漫型的外在表现　　　　　　　*064*

童年的缺失与对爱的憧憬——浪漫型的内心世界　*068*

自我调节——假如你是浪漫型　　　　　　　　　*070*

目录

第四章 和平型：我不重要
李萍的故事 　　　　　　　　　　　　　078
向心胖——和平型的外在表现　　　　　097
我不重要——和平型的内心世界　　　　099
自我调节——如果你是和平型　　　　　101

第五章 恐惧型：我有病吗
不写板书的老师　　　　　　　　　　　106
死亡阴影下的心理咨询师　　　　　　　117
骶骨透露的秘密——恐惧型的外在表现　127
莫名的恐惧——恐惧型的内心世界　　　130
自我调解——假如你是恐惧型　　　　　133

第六章 承担型：你的人生我做主
把所有的委屈都讲出来　　　　　　　　140
坚硬的后背——承担型的外在表现　　　163
强大的脆弱——承担型的内心世界　　　166
自我调节——假如你是承担型　　　　　169

目录

第七章 思虑型：防患于未然

沉默的背后　　　　　　　　　　　　　　176
怎么吃都不长肉——思虑型的外在表现　　200
没有安全的世界——思虑型的内心世界　　201
自我调节：假如你是思虑型　　　　　　　205

第八章 创造型：失落的天才

我错了吗　　　　　　　　　　　　　　212
用愤怒缓解内疚——创造型的外在表现　　220
最痛苦的自我折磨——创造型的内心世界　223
自我调节——假如你是创造型　　　　　　227

第九章 身体地图

身体地图之行为模式　　　　　　　　　　234
身体地图之典型情绪与潜在疾病　　　　　243
身体地图之家庭关系　　　　　　　　　　251
身体地图之人生经历　　　　　　　　　　258

目录

第十章 身心能量整合疗法治疗心法

一、刚柔并济   268

二、动静相宜   269

三、张弛有度   270

四、深浅有序   271

五、补泻并举   272

六、不拘一地   273

七、心技一体   274

八、随身所欲   276

九、生生不息   278

第一章
与身体对话

生命之初，我们起源于两滴水。一滴来自父亲，一滴来自母亲。爱的动力让两滴水结合，开启了我们的生命旅程。这份爱，无论是轰轰烈烈，还是润物无声，都将深深根植于我们的生命中。

在爱中，我们慢慢长大，慢慢地能感受到一种有规律的震动——母亲的心跳，那种令人安心的韵律陪伴着我们，滋养着我们，我们感受着源自内心的呼唤，感受着其中的欢喜、忧郁、渴望……后来我们还能听到一些外面的声音，当然我们并不能确切地明白那些声音的意义，但能感觉到那些声音里富含的情绪，有喜悦，有怜爱，有焦虑，等等。这些有的让我们感觉无比舒适，也有的让我们焦躁、愤怒、委屈、恐惧，让我们觉得不适。我们被这些情绪包围着，影响着，一天天长大……

十月怀胎，瓜熟蒂落，我们成功地脱离母体，真正地降临在这个世界，外界的一切对我们是那么陌生，恐惧使吸入第一口空气的我们放声大哭，却换来了周围人的笑声——这是对新降世的婴儿最真挚的祝福。

大概很少有人能记得我们自己刚出生时的样子，但是很多人都见过婴儿那小小的、红红的、柔软的身体。它被称为赤子。它的柔软代表着真、纯，代表着原始的生命力。赤子之心，就是一颗真诚、纯朴的心。

《道德经》里说"载营魄抱一，能无离乎？专气致柔，能婴儿乎？"婴儿处在精神和肉体合一、精气聚结、柔和温顺的状态。婴儿般柔软、有弹性的身体，以及婴儿般单纯的心灵，便是至真至善至健康的理想状态。绝大多数人生下来都是健康的婴儿，我们的身体生来不仅是健康的，而且有着自愈的能力。

虽然我们从两滴水到脱离母体只用了10个月的时间，但这10个月里所发生的一切却凝聚了人类几万年进化的成果。那个小小的、柔软的身体里具备了免疫系统、修复系统、排毒系统以及应激系统等多个运行复杂的系统，使得它有了从容应对各种自然障碍的基础。人体在某些情况下，抵御外界生存压力的能力之强大会令人惊讶。举一个极端环境的例子，地震救援有一个黄金72小时。在地震救援时，24小时内被救出的人员，存活率在90%左右；48小时之内救出的人员，存活率在50%～60%；72小时内救出来的人员，还有20%～30%的希望存活。也就是说，人体在缺水、缺食物，甚至是缺氧的极端环境中，各个系统还能维持大约72小时之久。

我们来看看各个系统的具体运作：免疫系统让外界的病毒、细菌不能侵害我们身体；身体受到伤害的时候，修复系统自行发挥作用进行修复，我们每个内脏、每个器官，都有自愈的能力；应激系统在身体受到各种内外环境因素及社会心理因素刺激时出现的非特异性全身反应，让机体进入战备状态，有利于机体的战斗或逃跑，有利于在变动的环境中维持机体的自稳态，增强机体的适应能力，这样我们就可以躲开一切能躲开的危险；排毒系统可以把有毒的、不应该存于体内的物质排出体外，保持身体的纯净。

但是现在我们大多数成年人平时的感觉却是：换季时一不小心就感冒，一感冒就一个月都好不了；各个器官的功能不时出现小毛病，如消化不良、腰酸背痛、头疼头晕等；身体在各种压力下越来越疲惫，不堪重负……不要说被埋在地震废墟下，就连平时的工作和家务都好像应付不过来，只好求助于各种各样的药物和治疗，我们不得不怀疑身体是不是大自然中最脆弱的存在。这一切是怎么发生的呢？

让我们再回到那个最初的、柔软的时刻吧。婴儿无智，而得自然之智。婴儿用哭与笑和别人打交道。高兴的时候，他就笑；难受的时候，他就哭。这就是"自然之智"——他不用去考虑别人的感受，也不用考虑场合，只是忠实于自己，忠实于自己情绪的表达。在婴儿的世界里，没有好与坏，没有对与错，甚至都没有我与你的区别。他的世界里没有分别心，自己和妈妈是一体的，自己和宇宙是一体的。当我们看着婴儿，抱着婴儿，感受着它的时候，我们的心中自然而然地有一股暖流涌出，那就是爱，一种本初的、纯净的爱，没有任何期待，没有任何标准，纯粹萌生于生命最深处的爱。正是这种爱让生命一代代地传递下去。在婴儿的世界里，爱的能量顺畅地流动着，灌溉着身体的每一个角落，使他成长，使他强壮。

可是有一天，这个小小的人儿忽然发现，忠实于自己的、直接的情绪表达并不总是能被接纳。不知从什么时候起，我们的哭声并不能带给我们想要的东西，我们渴望的爱有时显得那么遥不可及。我们因爱而生，我们一生渴望被爱，然而爱的方式却不总那么简单和直接。得不到爱的时候，我们恐惧、焦虑、愤怒、委屈，我们睁着无辜的眼睛看着这个复杂的世界。慢慢地我们发现了人我之间的区别，我们知道了对错、好坏，我们竭尽所能去做父母、老师、朋友、同事眼中的好人，以换取我们所渴望的爱。

于是，各种各样的行为模式产生了。有的人严格要求自己，为自己的人生设定了一个又一个的高难度目标，在他们眼中没有最好，只有更好。有的人则想方设法对别人好，把别人的事都揽在自己身上，把自己忙得喘不过气来。还有的人希望把所有的事情都考虑周到，预防一切可能发生的危险，生命在他们眼中成了一场输不起的豪赌……

我们靠这些模式生存了下来，我们本也以为这些模式会带给我们想要的生活，却发现我们又有了很多的无奈，很多的纠结与痛苦……

是什么使我们辗转反侧，夜不能寐？

是什么使我们茶饭不思，日渐消瘦？

是什么使我们身心俱疲，空耗生命？

是什么使我们空虚寂寞，孤独迷惘？

我们用我们的大脑苦思冥想，却不得要领。是的，我们所明白的"事理"

都储存在大脑里，大脑负责记忆、思考、指挥我们的行动。可是我们有时会有莫名其妙的恐惧，与大脑里所有的意识无关；我们会有莫名其妙的愤怒，与当下发生的事件无关；我们会有莫名其妙的委屈，与身边的人无关……生命所经历的一切，真的都只记录在大脑里吗？为什么还会有那么多我们无法控制的负面情绪产生呢？

那么，生命用什么记载这些信息？不是用大脑，而是用身体去记忆，用五脏去"思考"！当大脑中找不到答案的时候，请你问问你的身体，与你的身体对话！

还记得婴儿的身体吗？那么柔软，那么有弹性，那么有活力。它代表着生命力，代表着自然的状态。可是几十年过去了，你现在再感受自己的身体，它还是那样的柔软、有弹性和有活力吗？当你去感受身体，更多的感觉是这样那样的"毛病"。当你去接触这个"毛病"，你会发现那里滞留着很多的能量，比如说坚硬，或者形状发生了变化，出现了萎缩甚至空洞。爱是一种能量，因得到爱和得不到爱而产生的情绪也是能量。当爱和情绪能在我们体内自如流动时，我们的身体就充满了能量，健康茁壮。而当情绪过于激烈或表达受阻时，这股能量就会对我们的身体造成破坏。情绪就像是电流，我们身体里的神经、经络、经筋以及细胞都是它的传导媒介。适度的情绪流过时，这些传导媒介受到了滋养。可是当情绪过于激烈，情绪的能量程度超过了传导媒介的承受力时，通路就会受到损伤，或堵塞，或阻断。而我们的神经和血液又是伴行的，神经经络统领血液，血液濡养神经经络。所以当情绪过大，这些能量媒介通路被破坏时，它所控制的脏器功能也会减退或紊乱，出现各种神经症症状或功能性疾病。于是，我们的生命不再完整，我们的生活出现了这样那样的缺失，身体出现了这样那样的记忆。这些缺失、记忆的背后也许是一种不健康的生活方式，也许是一个未完成事件，也许是一个固化的信念或观点，或者是一种不和谐的家庭关系。它们在影响着我们，影响我们的健康，影响我们的幸福，形成了我们的疾病。

所以，疾病不仅仅是身体某个器官或某种功能出现了故障，更是：

一种不健康的生活方式；

一个未完成事件；

一个固化的信念或观点；

一种不和谐的家庭关系。

◆疾病是一种不健康的生活方式

现代人喜欢追求时髦的生活，但时髦不一定代表着健康。现在很多人工作的地方和家里都装了空调，一到夏天，就把空调开着，窝在屋子里，不愿意出去。一个夏天下来，难得出上一点儿汗。其实自然有四季之分，人的身体也顺应自然，四季有不同的侧重。夏天对于身体而言，要"使气得泄"，也就是要通过排汗的方式把身体里的毒素排出去。夏天都在空调房里待着，汗出不来，毒素排不出去，到冬天就会有一些毛病显现出来。所以很多中医院都提倡冬病夏治，就是在提醒人们要注意自己夏天的生活习惯。

还有很多年轻人觉得自己年富力强，要在事业上努力一些，或是在生活中多享受一些，熬夜就成了生活的常态。殊不知这样的不节制，会过度耗费自己的精气，让一些病症有了生根发芽的条件。身体的各个脏器都需要休息，每个脏器休息的时间不同，如果晚上 12 点不睡，就伤了肝胆，肝主血，所以伤了血，第二天眼圈就是黑的，而肝肾同源，伤了肝的同时，肾也受了损害。

现在养生已经成为流行语，其实，最大的养生就是"得自然之智"——按自然规律办事，该吃的时候吃，该睡的时候睡，该动的时候动，该静的时候静，让我们身体的智慧而不是无穷无尽的欲望来主导生活。

◆疾病是一个未完成事件

未完成事件是心理咨询中常用的概念，它最早诞生于德国的格式塔心理学中，指的是某种没能获得圆满解决的事情或未被弥合的既往情境，尤其是创伤或艰难情境。同时，也包含由此引发且未表达出来的情感，多数时候都是负面的情绪，包括悔恨、愤怒、怨恨、痛苦、焦虑、悲伤、罪恶、遗弃感等。

我们在成长过程中都遇到过很多的创伤，大多数在发生的当下就得到处理而弥合了，有的却被我们压抑或忽略了。我们常说时间是弥合伤口的良药，随着时间的流逝，有些具体事件在我们的意识层面变得模糊，甚至被忘却了，但它曾引起的情绪和身体反应却在我们潜意识的深处潜藏了下来。

　　我们的身体就像一本账簿，记载着我们一生的经历，我们每一次创伤性的经历都会沉积在我们的身体上，形成各种结节、条索和塌陷。我们身体不同的结节，代表着不同的记忆，比如恐惧会被记录在腰部区域，而伤心会被记忆在左侧肩胛与脊椎之间的区域，压抑的愤怒则会被记录在背部中段的隆起和板结中……所以说，我们的身体就是一个情绪与疾病写成的地图，指导着我们去处理那些被遗忘的未完成事件。在这本书里，我们会看到各种各样的未完成事件如何困扰着我们的人生。同时，我们也会看到，只要我们静下心来与身体对话，这些困扰最终都会得以解决，因为我们的身体生来就是健康的，而且有着强大的自愈能力。

◆疾病是一个固化的信念或观点

　　我们都知道，情绪的淤积是疾病产生的一个很重要原因，而人们往往把情绪的产生归咎于外部事件。比如，我们经常会听到有人说"这件事太让我生气了""你这么做太让我伤心了"等，但我们没有意识到的是，让我们产生情绪的，并不是外部事件，而是我们如何看待这些事件，也就是我们的信念或观点。我国佛教故事里有一个著名的公案，说的是广州光孝寺的和尚在打坐，忽然抬头看到风吹着经幡在动，于是一部分和尚说是风在动，另一部分和尚则认为是幡在动。两派和尚争论不休的时候，恰好禅宗六祖慧能经过，就说了句"既不是风动，也不是幡动，而是心动"。慧能这一语就道破了天机：到底是风动还是幡动，全看自己的心如何动。我们所遇到的事情也是一样，是非对错如何去评判，全看我们的想法。

心理咨询中有一个疗法叫合理情绪疗法，它强调人的情绪、行为是由自己的观念引起的，它的基本理论叫ABC理论。在ABC理论模式中，A是指诱发性事件；B是指个体在遇到诱发事件之后相应而生的信念，即他对这一事件的看法、解释和评价；C是指特定情景下个体的情绪及行为结果。通常人们认为，人的情绪及行为反应是由诱发性事件A引起的，即A引起了C。而ABC理论指出，诱发性事件A只是引起情绪及行为反应的间接原因，而人们对诱发性事件所持的信念、看法、理解B才是引起人的情绪及行为反应的直接原因。人们的情绪及行为反应与人们对事物的想法、看法有关。在这些想法和看法背后，有着人们对一类事物的共同看法，这就是信念。合理的信念会引起人们对事物的适当的、适度的情绪反应，而不合理的信念则相反，会导致不适当的情绪及行为反应。当人们坚持某些不合理的信念，长期处于不良的情绪状态之中，不仅会导致情绪障碍的产生，也会因为情绪堆积而最终导致疾病的产生。

但我们平时很难觉察到这个B，因为在我们心中很多信念都已经形成了自动化的反应。所以，其实疾病是很好的通信兵。身体通过疾病告诉我们，我们的某些信念需要改变了。一个很典型的例子就是头疼。很多人都会头疼，我们平时提到某件事情很难办，也会说"这件事真让人头疼"。常常头疼的人，会发现在生活中充满着"让人头疼的事"。我们如果仔细观察这些事情，就不难发现这些事情之所以难办，在于它带有新旧价值观的冲突。我们内心里有很多声音，一个声音说"这样做不好"，另一个声音又在说"可以试试啊"。我们希望能创新，可原来的价值观却缺乏弹性，或者根本认为没有改变的必要，这又让新的生活碰了壁。这个时候头疼其实是在提醒我们要检视自己的内心，看看自己究竟为什么需要改变，又为什么害怕改变。当内心冲突能够在意识层面被呈现时，头疼也就完成了它通信兵的任务，可以功成身退了。所以，习惯性头疼的人，需要的不是止痛片，而是与身体对话，倾听自己内心的声音，当潜意识中的内容得到了表达，外在的症状也会随之消失。

◆疾病是一种不和谐的家庭关系

一个扭曲的身体可能代表着一个扭曲的内心，而一个扭曲的内心往往对应着一种扭曲的、不和谐的家庭关系。近些年来越来越多的孩子脊柱侧弯，当我们去探索他们的家庭关系，会发现他们的父母关系紧张，有很多争吵，他们是在"战争"中成长的。而孩子不但会在心理上"倾向"某一方，也会在身体上展现这种倾向性。他们用身体记录下父母关系。因此父母的良好关系不但能给孩子安全感、自信，让他们建立良好的人际关系能力，也能影响孩子的内在平衡，以及由内而外的身体健康。父母给孩子最好的礼物，就是一个良好的亲密关系。

归根到底，身体上的"毛病"只是一个现象，但它不是一个偶发的、独立的现象。"头痛医头，脚痛医脚"的处理方法只能缓解一时的症状，而不能彻底地根治疾病。在疾病这个现象的背后，往往是一个系统性问题，它可能是我们的生活系统出了问题，可能是我们的人生系统出了问题，也可能是我们的家族系统出了问题，更可能的是这几个环环相扣的系统都出了问题。所以我们只有全面地呈现这个系统，才能找到疾病背后的真相，找到这个真相，疾病才有彻底治愈的可能。

身体是智慧的，它记载着我们一生的经历。我们的渴望、我们的缺失、我们经历过的创伤、我们的家庭关系，甚至我们家族秘而不宣的隐私，都被身体以独特的语言记录下来。身体上的每一个结节、每一个条索、每一处僵硬，都是身体的"语言"，它在试图告诉我们被我们压抑或是遗忘在潜意识里的信息。35岁以前，我都是一个医生，一个纯粹的中医。身体上的每一个信息，在我眼中都是要治愈的疾病，我的工作就是与之战斗。我曾经12年没出过门，每天从早上5点开始接诊，在按摩床边一直站到晚上12点。我倾尽全力与各种各样的疾病做斗争，却发现很难真正赢得一次彻底的胜利。很多人在我帮他们治疗一段时间后，症状减轻了，甚至消失了，他们兴高采烈地走了。可是过不久，他们又回来了，又和从前一样了。我还发现，性格类似的人往往有着类似的疾病，有过相似经历的人有相似疾病的可能性也很大。中医典籍里早就有关于"五情""五志"与"五脏"相互关系的论述，在我的从医经验里，也确实证实了"五情""五志"对"五脏"的影响。后来有幸接触到了西方心理学，我发现很多存在于潜意识中的感觉与信念其实可以在身体上找到相对应的地方。我才骤然明白，原来疾病并不是我们要与之斗争的敌人，而是我们要与之合作的朋友，我们要做的是，倾听身体疾病背后的故事，弥补内心缺失，调整缺乏弹性的观点、信念，从而拥有健康、幸福的人生！

于是我开始慢慢总结规律，什么样的行为模式会导致身体怎样的变化，比如多思多虑的人一般都比较消瘦；而委屈的人比较容易在腰腹部产生赘肉等。我把这些总结起来，归纳成七种类型。在接下来的章节里，我列举了这七种类型的典型案例。这些案例大部分是在我做身心能量整合疗法培训时的学员，也有我接诊时遇到的病人，我展现的是在课堂或诊疗室里对他们进行身心调整的过程。对于案主而言，这是与他们的身体对话的过程，也是重新经历他们生命的过程，在这里呈现的是他们内心深处最隐秘的记忆和感受。我会随着他们身体的感觉去寻找他们最初的伤痛和缺失，并将他们的内心中被压抑的情绪与能量释放出来，从而疗愈这些创伤。

为了让大家更好地理解我对健康与疾病的看法，我在呈现个案的同时还加入了一些讲解。在每一个个案分析之后，我会总结这种类型人的内心世界和外在表现，使读者能以此为对照，更好地了解自己，接纳自己。同时，在每章的最后我也提出了这种类型自我调节的具体方法，希望能最切实地帮助到每一个需要帮助的人。

我力图为大家提供一本身体地图，让大家可以按图索骥，去解读身体的语言，与自己的身体对话，重新认识自己，重新认识生命。跟随书中的人物，去经历他们的人生，同时也重新认识自己吧！当我们以全新的角度看待生命的时候，我们会发现身体到底储存着什么。我将和大家一起去穿越自己，去发现自己，去发现健康的秘密，去发现幸福的钥匙！

第二章

成就型：世界是个竞技场

成就型的人（以下简称"成就型"）做事目标感很强，为了达到目标会使用各种手段，不追求过程，只追求结果。总体来说，他们人生的目的就是去追求一个又一个的目标。他们总是昂着那高傲的头，处处体现着自己的优秀。他们很讨厌"懒人"和"蠢人"，他们最怕别人"笨"。

如果你有一个成就型的下属，你会很放心把任务交给他；如果你有一个成就型的上司，那么你可能会被他的要求压得喘不过气来。因为在他心里，无论是自己还是他人，都必须足够优秀，否则就是没有价值的。

成就型最主要的情绪是愤怒，他们最主要的应对方式是指责，不断指责自己，也指责他人。世界需要成就型，因为他们的努力会推动世界向前发展，可成就型需要放松，因为他们的身体被他们自己逼上了悬崖。

◆妈妈，请你爱我！
◆高高隆起的肩颈——成就型的外在表现

◆能干人心里的眼泪——成就型的内心世界

◆自我调节——假如你是成就型

◆妈妈，请你爱我！

与赵媛媛的相遇是在深圳。她在班中很引人注目：优雅、干练，虽然已经年近五十，但保养得很好，脸上总挂着得体的微笑，眼睛却闪着犀利的光芒。她随时都斗志昂扬，仿佛在时刻等着抓别人的错处，所以她的周围总是环绕着一种充满压力的气场。

"我从小到大，都是个很自觉、很乖的人。"那天我在讲解颈椎病形成的心理因素时，赵媛媛举手说自己有很严重的颈椎病，我让她说说她自己，她便开始介绍自己的优秀。这是一个很典型的成就型的思维模式：不能忍受自己不优秀。

"嗯，很自觉、很乖。"我已经抓到她话中的关键词，特意重复一遍，以提醒在场的学员。成就型多半都有一个从小开始就很优秀的人生，他们也以此为傲。

"是的，我从来不用父母去教导我学习，我的成绩不是第一就是第二。"赵媛媛继续着她的话，说到令她自己骄傲的往事，她的头微微昂起，像一只随时准备接受挑战的小公鸡。

"不是第一，就是第二，来，还有什么？"我有意激发她的斗志。在她看来，我这么说无疑是在怀疑她的优秀，而她的优秀是不容怀疑的。

她的眼睛果然变得锐利无比,小公鸡已经找到了对手,迅速地乍起了全身的羽毛,提示对方她已经进入战斗状态,"什么叫还有什么,难道你觉得这还不够,难道你觉得我还不够优秀吗?"当然这只是她心里的潜台词,在表面上她还尽量保持着平静:"我在各方面都有一个标准,不是低标准,而是高标准。我比较好强,就是读大学的时候……"

"标准?"我迅速打断了她,"你有多少标准?"

"说不清楚。"她稍稍沉吟了一下,回答道。

"说不清楚有多少标准?"我继续追问她的标准。是的,对于她这样的人来说,人生充满着标准,不仅在衡量自己,同时也在衡量他人。这样的人被称为"成就型",是因为他们的"高标准,严要求"往往会带给他们事业上的成就,但是如果他们不能很好地平衡自身内在需求与外在标准之间的关系,会给自己和别人带来很大的压力,由此也就会产生很多身体的症状,赵媛媛的颈椎病就是很好的证明。我对成就型没有偏见,世界需要成就型,我甚至有些同情成就型,因为成就型更需要努力去接纳他们内心的小孩。

面对我的追问,她显得有些猝不及防,但她迅速做出判断,与其跟我在"标准"这个"愚蠢"的问题上纠缠,不如接着展示她的优秀:"我在家庭里面也是,各种关系都要平衡好,就是希望工作也做得好,家庭关系也处理得很好,反正所有的事情都处理得很好。"

让赵媛媛把一个典型的成就型的人生信条和心理状态都表现得很充分

之后，我就直入主题了："都很好，就一个不好，你的身体不好，是吗？"

"对。"

"还有一个不好，你看不到你自己，是吗？"

赵媛媛轻轻地咬了咬嘴唇，又迅速恢复常态，很昂然地回答："是。"

"那个人去哪里了？你在你的身上绑了个枷锁，一道道捆绑，上面吊着一个很高的目标：我要达到。对么？"这时我已经开始让自己柔和了起来，我不是要挑战她，而是想让她看到她自己的思维模式。我的话已经足以形成对她人生观的挑战，如果我再激她，她就会用全副心思去考虑如何"对付"我，而不去思考我话里的意义。

"我目前觉得自己是没什么目标的。"她已经开始"对付"我了，我说东，她就一定要说西。

"你觉得是这样吗？"我平静地追问。

她又咬了咬嘴唇，没有说话。

"你现在真的没有目标？真的吗？告诉我。"我面带微笑地看着她，以我最大的诚意看着她，调用我全部的身体语言告诉她：没关系，这里没有人要攻击你，你在这里是安全的。

"嗯，目前希望自己更健康一点。"她也开始变得柔和起来，那个小公鸡全身竖起的羽毛开始收了起来。

"你现在定下了一个目标，是希望自己的身体健康起来，是吗？"

"我现在就开始做了。"

"你愿意为你的健康付出什么样的代价？"

"还没想吧，尽量去做吧，能做就去做。"

"但按你习惯的方式去做，你并没有得到想要的健康，是这样吗？"

她咬着嘴唇，停顿了一下，有些无力地回答道："是。"

"因为你看不到自己，你闭上眼睛，想想都有什么？在你的眼前，就像过电影一样，过的都是什么？"

"都是别人。"她有些气馁了。

"都是别人吗？你有看到你自己吗？你自己在哪里呢？"成就型气馁之后有两种可能：一种是开始放下防御，真实面对自己；另一种是休整片刻之后，迸发出更强劲的"斗志"。我很小心地注意着我的语气，尽量避免第二种情况出现。

"今天，就在老师给其他同学做个案的时候，我想起了我自己。"

"嗯，那你想到的自己是什么样子？"

"小的时候，哥哥姐姐都能上幼儿园，就我不能上。从小到大爸爸妈妈都是把我交给隔壁邻居的一些奶奶去带。好像是四五岁的时候，我跟爸爸妈妈要求，说我不去隔壁奶奶家了，我就一个人待在家里。然后所有人都上班、上学，我就一个人待在家里。"这很好，因为赵媛媛不再强调自己如何优秀，开始去面对自己的孤独了。

"我问你一个问题，你为什么不去隔壁奶奶家了？"这个问题可能让她有些意外，她愣住了。我继续引导她："我宁肯待在家里孤独，只要让我待在家里，我可以抛弃自由，我可以抛弃我自己，我可以抛弃一切！是这样吗？你真明白了吗？回答我。"

"我其实挺明白的。"她缓缓地说，情绪越来越低落了。

"你心里什么感觉？告诉我。"

"我心里感觉，那个孩子在一个窗口里面看着外面来来往往的人。"

这话说得我都有些心酸了。每个学员在我面前展示的都是他们内心最孤独、最脆弱的一面，我一度担心自己看多了这些人间疾苦有一天会麻木，会对着学员的眼泪习以为常，但时至今日，我仍然被每一个生命的悲伤所打动。我静静地看着她，温柔地问她："她一直在那儿等你，你愿意把她捡回来吗？"

赵媛媛默默地点了头。我走到她身旁，手轻轻地搭在她肩上，慢慢地说："你闭上眼睛。去看看那个孩子，你问问她，'你想出去吗？我把你抛弃了那么多年，我今天可以把你捡回来。'闭上眼睛，你可以看到她内心当中有一句话，是什么？你替她把她喊出来，喊出来！你有勇气吗？她趴在窗口那里，她有一句话一直忍着，但她想喊出来，那是什么？她被抛弃了很多年，她需要你把她捡回来，她还有能力喊出来吗？你能代替她吗？"

我感觉到她的身体开始颤抖，就把手放在她头上，接着说道："她一直在那里等你，你愿意帮她喊出来吗？"我略停了一下，让她有时间感觉自己的内心，接着说道："这么多年，她抛弃了自己，出卖了自己，放弃了自己，一直在那儿趴着，等待着，你知道她在等待什么吗？" 成就型指责的对象不是别人，而是自己心里那个弱小无助的孩子。我们每个人心里都有这样一个孩子，当我们能够接纳自己内心的小孩时，我们也就能接纳其他人身上软弱的部分了。反之，如果我们无法接受自己也有软弱可怜的一部分，我们就会无情地去指责别人身上同样的部分，所以我要从帮助赵媛媛正视自己内心的孩子开始，一步步地促进她的自我接纳。

她忍不住抽泣起来。我转身问大家："我们为她做一件事情，可以吗？"（这个课堂是大家的，在这里做的每一个个案，我都会征求大家的意见。）大家都说可以，我又转身问赵媛媛："你愿意吗？"

她已经无力回答，只是深深地点了点头，我拉她站起来，走到按摩床上趴好。她颈椎部位拱起的大包清楚地展现了出来。单从生理的角度来说，这个大包是由于长期气血淤阻，导致神经、血管、筋膜、肌肉组织等聚结形成，它们严重妨碍了颈椎附近的供血和自我修复功能，从而引发颈椎病、高血压等顽疾。而从心理学角度看，肩颈处的隆起代表着愤怒、恐惧与要求完美，赵媛媛拱起的大包说明了她情绪积压的严重程度很高。这种情绪如果得不到处理，单单从身体下手，往往会愈而复发。

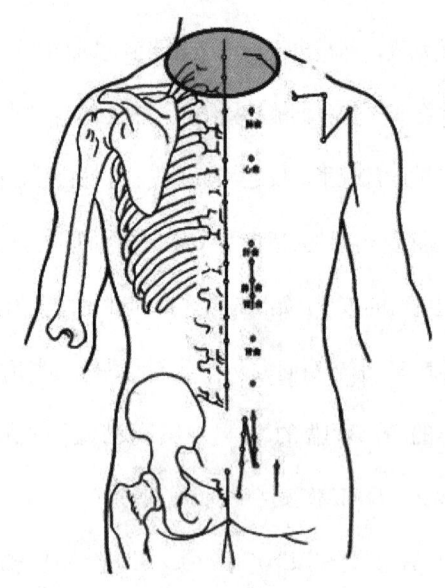

"我们看看她的脖子,是什么样的?当一个孩子在窗前趴了那么多年,她内心有一个很大的渴望,这个渴望是什么?"我轻轻按摩着她的肩胛骨,低头看着趴在床上的赵媛媛,慢慢地引导她,"你能理解她吗?你今天已经看到她了,你用你自己的方式去理解她一下,可以吗?她一直在那儿等你,你可以通过那个小小的窗口,看到她祈盼的眼睛。我们今天共同去看一下那个孩子,可以吗?你看到她了吗?你可以走向她吗?"

"可以。"她一边抽泣一边回答。

稍停了一会儿,我跟她说:"你可以问问她'你在等什么?你在等谁呢?'"

"你在等谁啊?"她拖着哭腔重复我的话,声音里开始显出些许稚嫩。

这个是非常好的开始,她心里的那个孩子慢慢开始呈现。

我停了一下,想让她自己回答,但是她没有,于是我就帮她回答:"她告诉你,'我在等我的妈妈'。"

"是。"被触动了心事,哭声渐渐大了起来。

"在她心里存着一句话:'妈妈,你什么时候回来?'喊出来,替她喊出来!她一直在那儿等待着:'妈妈,我很优秀,妈妈,我可以为了你放弃我的一切,你看看我吧,给我一点点的陪伴,求求你!'这个孩子在哭:'妈妈看看我,妈妈,你什么时候回来?'你看看这个孩子。"

哭声代替了一切语言。我知道此时不需要我的介入,唯有等待,等她把自己内心的心酸和委屈都流淌出来。我一边继续按摩她的肩胛部位,一边向大家讲解:"大家知道吗?她就是强直性脊柱炎。她一直在那里等待着,以至于身体都僵化了。这么多年,'我'忘记了她,'我'抛弃了她,她一直在那里流泪!"

听到她的哭声渐渐低了下去,我又开始引导她:"你能进屋去看看那个孩子吗?你愿意吗?"

"我愿意。"声音里甚至带些奶声奶气了,看来被她遗忘的那个孩子还很小很小。

"我们共同去看看那个孩子,如果你能和她讲话,你可以对着她讲话。你可以告诉她:'你很重要,我需要你。'"

哭声又渐强了起来。我摸到她的腰部有板结,继续对她说:"强直性脊柱炎是从腰部开始的，在你很小的年龄发生的事情，你还记得吗？跟着邻居奶奶发生的一切，你还记得吗？"在我们愤怒的背后，是深深的恐惧，愤怒越强，意味着恐惧也越强。恐惧源于某个时候我们无法面对和承受生活的磨难，心理学上称之为"未完成事件"。成就型会通过对自己的高标准、对他人无能的怒气和不满来掩埋自己的恐惧。

"记得。"声音里透着些许的惊恐。

"你很害怕，最怕就是妈妈把你送走，你还记得吗？'只要妈妈要我，我可以不要我自己。'"

"是的。"

"喊出来：'妈妈你看看我，求求你！'喊出来。"我在她的腰部用了些力，希望她能借着疼痛，把自己内心的话喊出来。

"我……"她只说了一个字，就说不下去了。

我继续加大用力："喊出来，用力量喊出来！"

"看看我。"似乎是很微弱的呼喊。

"求求你，求求你，妈妈！"我引导她喊。

"求你了。"

"妈妈，求求你，看看我，不要把我送走，我很乖，我听话。"

"我听话。"那个优秀的、愤怒的、高昂着头的赵媛媛不见了，剩下的是那个弱小的、可能连自己的名字都说不利落的孩子，在那里颤抖着诉说着她心中那个卑微的愿望："妈妈，请你爱我！我愿尽我毕生的力量，做你心中的好女儿，只求你看看我！"

"哭出来，看着这个孩子，看着她的眼神，她一直在那里等待，乞求妈妈看看她。她是个乖孩子。你走过去，走到这个孩子面前，拉住这个孩子，你愿意吗？"

"我愿意。"

"走过去，你愿意怎么样对待她？"

"我想抱抱她。"

"把她抱在怀里，让她哭出来，让她痛痛快快地哭出来。"我说道。好好抱抱她吧，这个被你遗忘多年的孩子，这么多年，她一直在努力，努力地做最好的女儿、最好的妻子、最好的妈妈，这么多的努力，她无非是想要一点最基本的温暖。"告诉她，'你可以喊的。'我们看看她要喊什么，替她喊出来，可以吗？"

"妈妈，爱我！"

是的，就是这句话——"妈妈，爱我！"

"喊出来！'妈妈，爱我，求求你妈妈！'"

"我很爱你的，你爱我吗？"声音中充满了童真，又饱含着恐惧，生怕得到的那个回答不是自己所要的。

"你爱我吗？妈妈，我可以为你牺牲我的生命。"我继续引导。

"我可以为你牺牲我的生命。"

"我可以不要我自己，只要你要我。"

排山倒海的哭声压过了一切。是的，这么多年的努力，只为让你爱我！多么委屈的孩子啊！同时我也敢肯定，在那扇窗子外面一定有个焦急的妈妈，她努力工作，为了给孩子创造更好的生活条件，她严格要求孩子，为了让孩子有更美好的未来。她做这一切都只因为她爱这个孩子，只是忙到最后，她忘了说"我爱你"！人类绝大部分痛苦的根源就在于：我爱你，你却不知道；你要我爱你，我却不知道！父母子女之间是如此，夫妻情侣之间是如此，朋友同伴之间是如此，甚至我们自己跟自己的内心之间也是如此。

"你可以把她抱在怀里，在心里跟她讲话，你想对她讲什么？可以讲'我找到你了。'"

"我找到你了。"

"我再也不和你分开了。"

"我再也不和你分开了。"

"我会把你放在我心里最重要的位置。"

"我会把你放在我心里最重要的位置。"

"给你最温暖的关怀。"

"给你最温暖的……"她已经哭得说不下去了，走到今天，那片温暖，如果不是自己给自己，试问谁能给得了呢？随着我们的成长，那个理想的母亲最终要内化成自己的一部分，成为自己力量的源泉。

"你有资格哭泣，你有资格不再坚强。"此时是我在对成年的赵媛媛说话，让她能放下一切，跟自己好好拥抱。

"我好累啊。"她虚弱地说。与自己内心最重要的部分分离,没有了力量的源泉,试问我们又怎么会不累呢。

"回来吧,我需要你。"我替她向这个小孩提出请求。

"我需要你。"

"我给你想要的一切。"小时候,妈妈是最能满足我们的人;长大后,最能满足自己的就只有自己了。

"我给你想要的一切。"

"你想要为她做点事情吗?想吗?她需要呐喊,那是她的生命,压抑的生命。你深深地吸一口气,然后喊:'啊——'"

赵媛媛努力吸了一口气,但我感觉这口气仅仅只到了喉咙,她气馁地说:"我吸不了。"

"来,我来陪伴你,来,深深地吸一口气,'啊——'"

"啊——"如风中之烛,细若游丝。

"有力量吗?来,我们再试,深深地吸一口气,'啊——'"

"啊——"

"来,继续!"

"啊——"

"你知道为什么吗?当一个孩子长期处于等待和祈盼中,慢慢地就会失去了'要'的力量,失去了讲出自己需求的能力。你知道吗?我需要你把它喊出来,可以吗?来,全身用力。"

"啊——啊——啊——"

"来,全身用力,把全身的力量凝聚在一起,包括腿也要用力,有力量喊出来吗?你没有力量,我就给你些力量,来喊,'啊——'"我配合她的呼吸,用力挤压她的背部,希望能打通她的呼吸通道。成就型很难痛快地哭喊出来,因为眼泪都变成了怒火,通过指责别人来避免面对自己软弱的一面,人也变得越来越强硬。让这样一个人去学会怎样哭喊,就像让哑巴开口那样困难,但唯有喊出来,她才能面对生命中的真相,拥抱那个弱小的孩子,成为更加柔软、更加完整的人。

"啊——啊——啊——"

"你可以哭出来,喊,不要停下来,一声一声地喊……继续,不要停,喊出来……继续,痛痛快快地哭出来,今天是为了自己,好吗?你有资格,因为你不再是趴在窗口的小姑娘了。"

"啊——啊——啊——"

"你所有的能量都卡在背部,你的背部像板一样。来,我们俩共同喊一声'妈妈',你愿意吗?好,喊,'妈妈!'"

"妈妈!"还是不够力。

"'妈妈!'一声比一声大,喊出来!"

"妈妈!"好一点儿了。

"'妈妈!'用所有的力量喊!"

"妈妈!"哭喊声出来了。

"你能有多大的力量你喊出来。"

"妈妈！！"和她背部的板结相比，这种力度还远远不够。

"大家听到那个孩子趴在窗前喊什么了吗？'妈妈！'，我们大家和她一起喊'妈妈！妈妈！'喊出来，跟大家一起喊！"

于是现场响起了一浪高过一浪的呼喊"妈妈！妈妈！妈妈！"，大家既是在陪着赵媛媛，也是在陪着自己心里的那个孩子。

"妈妈！！！"赵媛媛尖锐的哭叫，像第一缕刺破黑暗的曙光，终于迸发了出来。

"妈妈已经回来了，妈妈就在你身边！在陪伴着你，你可以哭出来！"我松了口气，随着那声撕心裂肺的叫声，我感觉她的背部开始柔软了下来。

哭是一种排毒的过程，因为眼泪里有毒素，如果不让它流出来，它留在体内，就会毒害我们的身体，想哭的时候就哭才是养生之道啊。我让赵媛媛哭了一会儿，轻轻问道："妈妈回来了吗？你能拉住她的手，告诉她妈妈回来了吗？"

哭声在继续，这很好，这么多年的眼泪，就让它流一会儿吧。"妈妈回来了，那个孩子她在窗前，你拉着她的手，走向妈妈，跟妈妈一起回家。"

哭声还在继续。

"你拉着她的手，想对妈妈说什么？想让妈妈抱抱你吗？"

"想。"她边哭边说。

我把她拉起来，示意一旁的助教过来抱抱她。就让她把头埋在"妈妈"

怀里,好好地哭一场吧,等待了四十多年的拥抱,抱住妈妈,跟妈妈讲讲心里话。也许此时此刻只想哭,那也没关系,就哭吧,让泪水恣肆地打湿妈妈的衣襟,让泪水恣肆地打湿我们每个人干渴的心田!

"你终于回家了,我们大家都站起来抱抱她吧!"大家慢慢聚拢过来,把媛媛环抱在中间,每个人的手都搭在同伴的肩上,大家紧紧围在一起,"妈妈爱你,孩子!"

◆高高隆起的肩颈——成就型的外在表现

当看见成就型时,你的眼前总能一亮,因为他们永远与众不同,光鲜耀眼。他们总是高傲地昂着头,因为在他们心里自己必须足够优秀,否则是没有价值的。我曾经见过这样一位老师,第一眼我就判断出她一定是位优秀的职业女性。她衣着整洁大方,神情干练,连说话的声音都很响亮。好像你见到她,就必须低下头来承认自己的逊色。她昂头挺胸但颈肩处隆起,说话的声音比一般人高几度。她告诉我她是一个工作很成功的人,可是近几年颈动脉狭窄堵塞,经常头晕。几十年来,她一直征服着一个又一个的人生目标,甚至不允许自己有一次失败。成功是她最大的幸福。每天她都要把最好的一面展现给其他人,在她的心里除了成功就是炫耀自己的成功。她最害怕的就是失败,她也不允许自己失败。她在外企担任销售总监,业绩总是第一。她告诉我她最受不了的就是笨人,看到笨人她就发怒。我问她:"你周围有多少笨人?"她说:"大部分都笨得要死!只要和他们讲话他们听不明白,我就气得要死。他们怎么会这么笨呢?无论你怎么骂他们也不会改变!我每天都会生他们的气。"

这样的人肩颈部高起,像是隆起的小山峰。他们最容易出现的身体问题就是颈椎病、高血压、甲状腺问题、心血管问题、脑血管问题、睡眠问题,他们常见的行为模式就是指责。他们脾气急躁,做起事来雷厉风行。最大的需求是赞美和掌声,所以与他们交往,你千万不要忘记称赞他们。他们的追求会让你感到他们很现实。他们目标清晰,只要能达到目标,他们不怕吃苦受累。一般他们都比较开朗乐观,总能为自己树立新的希望和新的方向,也都比较听从领导、听从指令。他们的逻辑性不是很强,但思维很快,而且短期思维会超过长期思维。由于急于求成,有时他们也会自乱阵脚甚至欲速而不达。他们怕别人笨的背后是怕别人慢或者拖拉,心急火燎的个性使他们奔波忙碌终生。

我们生活中还有很多这样的女孩子:她们从小就是被当男孩子养的。有的是因为父母重男轻女,有的是由于父母希望她们像男孩子一样顶天立地。她们与那些被夸奖的孩子在体型上都是肩颈部高起。但被夸奖的孩子后背比较平整,而在重男轻女的家庭中或被要求像男孩子一样顶天立地的家庭中长大的孩子,在高起的肩颈下面,也就是对应心脏的区域会有塌陷,那其实是在诉说着她们与父母的疏离。

我们常说的健康包括身体与心理两方面的健康。当一个人的身体在长期某些情绪的积累与冲击之下形成了疾病的时候,其实我们已经身心分离了。这个时候我们甚至都已经意识不到情绪的存在，我们所能感觉到的只是身体的症状。比如成就型人肩颈高起的部位让他经常感觉到疼痛，这是因为他们为了追求成功、优秀而长期着急上火，导致气血上逆，能量聚结。心脏的心慌、心悸、气短，则与他们每次失败时对自己产生的伤心和失望有关。在关系中他们经常说"你怎么这么笨"，同时，内心中另一个声音也在指责着自己"我怎么这么笨"，因为在幼年时期，除了表扬之外，"你怎么这么笨"这句话他听得也最多。

◆能干人心里的眼泪——成就型的内心世界

我们很难看到成就型的脆弱，因为他们不允许自己不够好、不够优秀。甚至从小到大他们都是被成功或优秀包裹着。只要让他们回想自己的经历，记起的几乎都是爸爸妈妈的夸奖，老师、邻居的赞美。在任何场所他们总能体会到被羡慕甚至嫉妒的眼光。他们好像是被优秀或者成功这种词语催眠长大的。开始可能是爸爸妈妈的催眠，但到了后来就慢慢自己催眠自己，形成一种必须——"我必须是最好的！我必须是成功的！我必须不能比别人差！"。再到后来就形成一种应该——"我就应该是最好的！就应该是成功的！就应该是不能失败的！"。于是他会拼命去维护这种优势。

我在 1992 年曾被北京对外经济贸易大学谢毅宾教授请到学校去做校医。那时候对外经济贸易是非常热门的专业，所以对外经济贸易大学非常热门，我记得当时它的高考录取分数线一连几年都超过了北京大学。他们招的学生大部分是全国的尖子生。就在那一年，有一位来自云南的女孩被对外经济贸易大学录取了。她成绩非常优秀，是当年云南省的高考状元。这个女孩子从小到大都是爸爸妈妈的骄傲，从小又"漂亮"又"优秀"。从上小学到高中很少考第二名。她从小就不服输，每次有人比她强一点她都会受不了。一路走来，她终于考上了全国最理想的大学。但是让她想不到的是，自从进入大学她再也不是第一了。无论是长相还是学习，这里的学生都是从全国千里挑一的，她不但不再是第一名，就连前几名都排不上。这样巨大的落差让她一下子不能接受，经过一年的压力与挣扎，在一次去香山爬山的时候，她选择了跳崖自杀。这个事情当时令我非常震惊，一个花季少女居然因为不能接受自己的失败而放弃了年轻的生命。

当然，这只是一个极端的案例，但在我们日常生活中经常会有这样"严格要求自己"的人。比如我的一个朋友，她是一个外企高管，高高的个子，修长的身材，走路总是昂头挺胸，衣服总是时尚得体。第一眼见到她我就眼前一亮，她谈吐高雅而轻快，让人不得不自惭形秽。可当我检查她的后背时，发现她左侧肩胛与脊柱之间对应心脏的区域有一个条索状的反应，并且肩颈部有一个高高隆起的肉包。于是我问她："你是不是经常有胸闷和头晕的感觉？"她有些惊讶地说："咦？你怎么知道？"我又问她："其实你经常着急，并且有很多伤心，是吗？"她又惊讶地问："你怎么知道？我确实有很多伤心，心脏也经常不舒服。"我说："我们今天做一件事情。你闭上眼睛想象有一个人站在你面前，你看着她，重新回忆并且体会过去的所有事情。"她安静下来,眼泪却流了出来,她告诉我她从小就很优秀,从小就是被夸赞着长大的,从自己记事以来就被爸爸妈妈的夸奖所催眠:"你一定要优秀,学习要好,将来要有出息。妈妈爸爸都是很优秀的人,从不会被别人说不好……"于是她就拼命地把自己的事情做好,就怕爸爸妈妈不开心。"他们不开心我就觉得自己不好,在他们面前我总是微笑的。如果我心里很难受就会躲在卫生间里偷偷地哭,等哭完把脸洗干净,才会微笑着出来。我记得我从很小就学会了用微笑骗爸爸妈妈。爸爸妈妈经常吵架,相互指责,总是他说她这里做得不好,她说他那里做得不好。每当他们这样的时候,我总是又害怕又觉得自己不好。我上学的时候最怕的就是考试,因为必须要考第一名。有一次我考了第二名就被妈妈打了一顿。从小到大我就不允许自己失败,可是有时我会恨自己'为什么要这样?'今年我三十八岁了,恋爱了几次都分手了,分手的理由都是别人认为配不上我。最可气也最让我伤心的是,他们用的全都是同一个理由!都说'你太优秀了,我配不上你。'有时甚至会不告而别。难道优秀错了吗?有时我也很恨自己为什么总是发火,而且压不住自己的怒火。有时我想骂人,骂同事,骂下属,看着他们做不好事情我就来气,你告诉他们一百遍也记不住,这个世界笨人怎么那么多!"

她声泪俱下,伤心、委屈、愤怒倾泻而出,没有人会想到一个成功而高傲的女人背后却有着那么多辛酸。

其实,优秀是他们的外衣,是笼罩在他们身上的光环,在某种程度上也成了他们的压力和枷锁。他们在做到优秀的同时，还要独立和坚强。他们表面冷峻，雷厉风行，有一种很难靠近的感觉，可是心理上通常会有很强的情感缺失。他们心中有一个伤心孤独的孩子，渴望着能有一个人靠近他，陪伴他，让他依赖，给他父母一样的关怀呵护。

他们的坚强和优秀都是一种表象。在他们的内心里，无论自己多好都会被认为还不够好，而不够好的那个部分就被自己排斥、不接受。当一个人对自己某一部分"真实的我"排斥不接受时，就会产生两个动力：一个是觉得自己不够好，于是拼命地努力去做得更好来证明自己；另一个是被压抑的部分，会存储、积压很多的眼泪。"爱是有条件的，只有我优秀，我才是有价值的，只有拿到好的成绩我才是可爱的！"这样的信念根深蒂固地植入他们的潜意识里。为了争取更多人的认可，他们把成就变成了人生中最大的乐趣。但那些成功给他们带来的喜悦是短暂的、一闪即过的。由于渴望的爱从不被满足或者被有条件地满足，他们学会了拒绝。但是拒绝之后，内心的强烈渴望依旧不会消失。内心中因爱而生的纠结和为爱奋斗的辛苦占据了他们人生中的大部分。长期求爱不得的急躁和愤怒的冲击（怒则气上）会让肩颈部高起，而内心的缺失、伤心与孤独，使后背对应心脏的区域易有条索和塌陷。

◆自我调节——假如你是成就型

深度觉察：愤怒管理

看到"愤怒管理"这几个字，成就型可能马上就会说，我不需要，我的情绪控制得很好。是的，你在表面上都控制得很好，因为在我们的一般常识中"愤怒""着急"都是比较负面的词，它们经常让人联想起"暴跳如雷""急得团团转"这样一些让人很窘迫的场面，这样的场面对于追求完美的你来说，是绝对不允许出现的。所以，哪怕是对自己，你也很难承认自己的愤怒。就像赵媛媛，当下属的工作令她不满意的时候，她并不会指着别人的鼻子破口大骂，但她自己会感到一种难以压抑的怒火。

所以要进行愤怒管理，第一步就是要承认自己心中的愤怒。愤怒本身没有什么不好，愤怒是当愿望不能实现或达成目的的行动受挫时引起的一种紧张而不愉快的情绪。也就是说当你的愿望不能实现，或是行动受挫时会自然而然地产生愤怒情绪。虽然这种情绪体验并不令人愉快，但不能否认它能激发出我们身体内更多的能量。从进化的角度看，有时行动受挫给我们带来的威胁是致命的，而愤怒就是我们的第一道防线，它能迅速地激发我们身体更多的能量，让我们能够应付面临的困境。只不过我们现在要面对的困境通常已经不是生死一线或非输即赢了，而且通常也不能以体力来解决，所以当愤怒激发的能量不能以直接的方式被利用时，就会淤积在我们体内，成为健康的隐患。正确对待这种淤积的第一步就是承认它。

在承认自己的情绪之后，我们就可以进行第二步了，分析引发情绪的原因。情绪本身并没有对错之分，我们需要检讨的只是引发情绪的原因和处理情绪的方式。以赵媛媛跟我说过的一件事情为例：当时她让手下的员工做一个项目介绍的 PPT 文件，这名员工已经有两年工作经验了，她觉得她已经完全可以胜任这项工作，并且她之前也已经很仔细地交代过这名员工应该怎么去做，可是员工交来的 PPT 文件还是错误百出。当赵媛媛看到这份文件的时候，她的指责几乎就要脱口而出。

后来我们分析这件事的时候，赵媛媛也承认，那个 PPT 文件在员工交上来的时候还有足够的时间改好，所以这件事本身并没有带来非常严重的后果。那么是什么让她怒火中烧的呢？其实是她对这件事所形成的评判。在看文件的过程中，她不仅看到了文件内容，而且对文件撰写的好坏形成了评判，甚至对完成文件的员工的工作态度形成了评判。"工作没做好"与"员工不负责"这两个评判之间应该有着无数的信息要处理，但此时赵媛媛的脑子转得比银河亿次机还快，几乎是条件反射似的得出了这个结果。而这个条件反射正是成就型最惯用的行为模式。

当我问到赵媛媛，这个文件没做好，有没有别的可能时，她说这个员工一直以来的工作成绩就很难达到她的要求。我建议赵媛媛去找她谈一谈，看看她是对工作没兴趣，还是确实能力上有差距，还是因为别的事情影响到她的工作情绪了。一谈之下，赵媛媛才发现竟然是自己的态度在很大程度上打击了员工的工作积极性。员工们觉得无论他们做什么，在她眼里都是不够的、不好的。就像我们有的家长，孩子拿了 80 分的成绩回来，就马上质问他们为什么只有 80 分啊，那 20 分丢在哪里了。家长眼里看不见已经拿到的 80 分，而只看到丢了的 20 分。在赵媛媛那里也是一样：一眼就看到没做好的部分，于是，员工做得不够好的那部分被放大，甚至掩盖了其他的优点，这样一来，员工在她眼中就变成一无是处了。同时，员工也觉得不管自己做什么样，反正她要自己改的，那么自己做得如何也就无关紧要了。所以尽管工作了多年，她手下的员工也很难有进步，而且做得久的还会养成依赖她的习惯。

如果你也跟赵媛媛一样，那么接下来的觉察对你来说就很有必要了。首先请你观察发生了什么，只是观察，不管你是否喜欢，只说出事实部分。然后你试着用客观的词语去表达你的情绪感受，接下来你可以想想是你的哪些需要导致了那样的感受，最后你可以提出你的具体要求。

就赵媛媛这件事来说，在做这个觉察之前，她内心的语言很可能是这样："这个文件怎么做得这么差，真是气死我了，你工作也太不负责了！"当她去做觉察的时候，心里的声音就变成了："这份文件做得不理想，总共有六个地方需要修改。我有些生气，因为我希望员工的工作都很出色。你是不是可以把那些有问题的地方再修改一下？"

当然，一开始你可能无法在事件发生的当下来做这个觉察，也很难把内心的觉察说出口，没关系，只要你在心里试着去做，你就会发现你的情绪发生了改变。如同一只亚马孙的蝴蝶扇动翅膀，就可能引起美国德克萨斯州的一场龙卷风一样，你一点点的改变会引发你身边的世界发生一系列的改变。所以，请你现在就扇动你美丽的翅膀吧。

行为实验：慢生活

作为永不能停下的一列火车，让成就型停下来给自己身心加点油，是一件很难的事情。请记得对自己说声"我太累了，也该停下来歇一会儿了。"工作是无限的而生命是有限的，你一直在用有限的生命应对着无休止的工作，为着一个又一个生活的目标拼搏。当你的身心向你提出一次又一次的抗议时，你是否也应该回头看一眼自己，看看该为自己做点什么？去美国旅游的朋友可能会听到当地的印第安人导游常讲一句话："请走慢一点，等等你的灵魂。"

对于成就型来说，最大的问题就是急躁和愤怒，做任何事情都是要快，所以你的功课就是慢下来。老子说"静乃燥君，重为轻根。静生慧，重生威。"安排一个时间，好好体验一下慢生活吧。这个实验可以是一次郊游，也可以是一次短途旅行，你可以把时间安排得尽量宽松，比如平时一个小时可以到的地方，你把路上时间安排成两个小时。在路上的时候尽量不去想目的地，而只是注意观察路旁的风景，遇到有意思的风景时，随时都停下来看看。如果你一时之间对风景都没有感觉，那就强制性地安排每半小时一次休息。休息的时候去观察所有出现在你身边的事物，不论是一棵树、一朵花，还是一辆车。记住：只是观察，不要做任何评判。在这个过程中，你会感觉整个人慢慢地放松了下来，就好像捏紧的拳头忽然间松开，尽情地去享受血液畅快流动的感受吧。

身体练习：

怒伤肝，这是大家都知道的，所以易怒的人通常肝经都有淤堵的现象，下面介绍几种疏通肝经的练习：

1、拉筋：仰卧在床上，双脚朝上，臀部和两条腿都贴在墙上，双脚尽量分开，如同英文字母 V。刚开始练习的时候不用要求角度太大，以自己能承受为宜，慢慢地角度会越来越大，坚持的时间也会越来越长，一般一次十五分钟，一天三次为宜。

2、推肝经：坐在床上，右腿向前伸直，左腿弯曲平放，双手交叠，压在大腿根部，沿着大腿内侧肝经的位置稍用力向前推到膝关节，反复推动，四五十遍，然后换另一只腿同样的手法。可以隔着衣服推，在皮肤上涂些润肤油直接推效果更好。每晚推一推，疏肝理气，活血化瘀，去肝火，保养妇科，改善面部气色。

3、瑜伽莲花逍遥式：在硬一点的床上或就在地上铺块毯子坐下来，把右腿向侧方伸直，左腿弯曲平放在地面上，左脚心贴在右大腿的内侧，然后身体向右侧弯，右手去抓右脚尖，而左手臂向天空的方向伸展，尽量使身体保持在一个平面内。刚开始练习时，身体很难完全展开，你可以靠着墙，背、腿和手臂都贴着墙，这样很快就能找到平面侧展的感觉了。持续一分钟，就会感觉有一股暖流流向肋部，再左右交换来做，一天做三到五组就可以明显增强肝经的解郁能力，让你拥有轻松快乐的好心情。

静心冥想：

我们给自己一个呼吸、深深的呼吸，感觉到吸入的氧气进入到身体的每一个部分，让身体放松下来。随着我们的呼吸，我们去穿越一下自己的人生历程，看看我们所经历的一切。

在我们面前有一个人，那就是自己。深深地呼吸，随着呼吸将注意力带入身体的每一个部分，让我们和身体做一次沟通，做一次联结。我们的身体伴随了我们很多年，我们却很少去看它、去体会它。

我们今天用一点点时间，让我们的呼吸进入身体的每一个部分，也许你身体上有些不舒服，它也许是在告诉你一些信息。那里也许存在着委屈，也许存在着伤心，也许存着些恐惧，我们今天都允许它存在。你可以去看看它，并对它说一声，我看到你了，也谢谢你这么多年在提醒我。用呼吸去接触那份不舒服、那个封闭多年的感觉。

让我们的呼吸进入我们的身体最中心的地方。让呼吸进入每个细胞，感觉身体的正中有一个亮光，像是一个火种，就在我们身体的正中。那个亮光是我们生命的火炬，我们身体就是那个光环，亮光越来越大，光环越来越大。在这个光环里我们可以看到生命的一切，我们可以看到发生的一切。我们守住那个火种，让火种变得越来越大，光环也越来越大。这个光环就是宇宙，它可以无限大。我们变成了宇宙的一部分。我们的灵魂在很高的地方，看着身体的每一个部分发生的一切。用自己的语言，跟每一个部分讲一句话吧。也许那里有眼泪，有感恩，还有些抱怨。我们今天可以静静地看着它，允许它存在。让我们的灵魂越来越高，可以看到整个宇宙的一切，就像看到自己的身体一样，也可以看到人生的一切。我们身体里所有因能量卡住而隆起的部分，慢慢地越来越薄，那一个个生命的片断，逐渐在眼前浮现，就像在放一部电影。让我们重新去穿越它，清楚地看到它。让我们跟自己的生命说一声："我臣服你，我也感恩你。"让我们看清一切，把那些感受放在光环当中，让我们生命中心的火炬越来越大，越来越大，直至包容一切。

第三章

浪漫型：红消香断有谁怜

每个人都或多或少会希望在生活中有一些浪漫，但有种人把浪漫的精神生活看得比什么都重要，他们就是浪漫型。浪漫型通常给人感觉风度翩翩，但不同于成就型的干练大方，他们会更个性化、更飘逸、更灵动。看到他们的时候，你总会觉得他们是色彩专家。他们对色彩的搭配、对美的理解让你不得不佩服。他们打扮得永远那么出众，虽然色彩缤纷但不炫耀，他们举止优雅，但优雅中总透露着淡淡的忧伤。他们情感非常丰富，常在大自然中找到不为人发现的美。他们追求一种不食人间烟火的爱情，也经常能享受感情的极致。但是无论感情有多美好，他们最终都会陷入孤独，因为在他们内心深处一直在追求着孤独的美和遗世独立的悲伤。

◆因为爱情

◆塌陷的肩颈——浪漫型的外在表现

◆童年的缺失与对爱的憧憬——浪漫型的内心世界

◆自我调节——假如你是浪漫型

◆因为爱情

要分析浪漫型，就一定要提到一个经典的文学形象：林黛玉。林黛玉可以说是个典型的浪漫型：瘦弱的身体，中气不足地轻言细语，时不时会有点伤风、咳嗽，当然还有最重要的——多愁善感。一般说来，浪漫型总是在追求一种世间不存在的浪漫，同时也认为生活注定是一场悲剧。我们光是看"黛玉葬花"这一幕，就能了解浪漫型眼中的世界："花谢花飞飞满天，红消香断有谁怜……一朝春尽红颜老，花落人亡两不知！"本来是花开花落的自然现象，却引发了林黛玉无限的遐思，从气候变化到人情冷暖，从自然景色到理想爱情，在这首《葬花吟》里都表现得淋漓尽致。这就是浪漫型，他们总是在孤独中品味着痛苦，同时也享受着自己营造出来的淡淡忧伤。他们对于精神世界有着热切的追求和向往，而这个追求在很多时候被具化成了对纯美爱情的追求。他们渴望心灵相通的感觉，他们希望和爱人一起伤春悲秋，葬花垂泪，宝黛间爱情是他们的理想爱情模式。但现实生活中，就像小说里一样，宝黛几乎不可能在一起，于是爱而不得的凄苦感觉便弥漫在他们的生活中，弥漫在他们失衡的家庭结构中。

现实生活中常见的浪漫型大多是女性，其实男性中也有不少这种类型的人，只是因为我们社会文化中的思维定式，让其中大部分的男性把他们多愁善感的一面埋藏了起来。但压抑了情绪的后果，往往让他们身体上出现更为严重的疾病。

周宇凡来上我的课，是因为他的心脏不好，几乎到了要做搭桥手术的地步。在一个偶然的机会里，他听说了我对心脏病"心病还需心药医"的看法，觉得很有意思，于是也想试试。

"我的家庭，"他刚一开口，就习惯地清了清嗓子："在我们那个年代是很普通的。" 周宇凡是个身材瘦削、稍稍有点驼背的人，此时他正试图解释他原生家庭的组成模式。

我发现他说话的时候要经常清一下嗓子。这样的习惯通常是长期压抑、不能自由发表意见的表现。"你是不是从小就被教育要'少说两句'？"我试探着问他。

"是的，父母从小教育我们少说话，不惹事。我们家很简单，兄弟姐妹四个，父母都是老实人，只想着怎么能喂饱我们四个。"

"那现在怎么样呢？"

"现在好了，过去我没有得到的，现在我都得到了；过去没有享受的，现在我也享受了；我过去受的苦，我的孩子不会再受。我爸妈都很健康。整体来说，家庭比较和谐。孩子对父母也比较孝顺，就是兄弟姐妹之间关系不太好，一年也见不上一面。"

"那你妻子怎么样？"

"我妻子……"他又习惯性地清了清嗓子，"还好吧，就是比较强势。"

"来，让我们来看你的身体。"我让他转过身去背对着我，"你的颈椎下面是塌陷的，说明你很多愁善感。"一个人有着丰富的内心感受，却被禁止表达，这种处境的痛苦可想而知，他身体其他部分的毛病很可能与这种痛苦有着直接的联系。"你的胃是有问题的，因为你的背部高出一大块，再看你的腰也是塌陷的，说明你有恐惧。你有压抑，你总是追求完美，你语言表达很严谨。你胸骨这里有条索，影响着你的心脏。这个点，说明你有伤心事。如果这个情绪被释放出来，对治好你的心脏病会很有帮助的。"

《黄帝内经》里提到"怒伤肝，喜伤心，思伤脾，忧伤肺，恐伤肾"，悲伤抑郁的人，往往肺区塌陷，胃区有结索。浪漫型的人常因无法表达真正的感受，对外表现出有距离的冷漠感。他们和自己的内心隔阂很深，并在潜意识中将痛苦指向了自己。你如果问这样一个男人他的感觉，他会用理论和逻辑来回答你，很少会表露真情实感。他长期独自承受着压抑、抑郁、悲伤、感伤等绵长而灰色的情绪，最后的结果往往是内脏受到不良情绪的侵蚀，出现各种难以根除的慢性病症。

周宇凡沉默了，我说中了他的心事，但他一时之间还不知道如何回应我。

我按了按他背后与心脏对应的区域："我按你这里，你的心脏是什么感觉？"

"感觉在蹿动。"

"就是我按一下，你的心脏就蹿动一下。是吗？"

"是的。"

"你这里藏有伤心，你能想到那个让你伤心的人吗？"

"我也不太清楚。"

"让你伤心的人，你很信任。是吗？"

"对。"

"我们今天做一件事情：今天只是为了自己，可以吗？"

"嗯……"周宇凡又习惯性地清了清嗓子，在他看来，这种经历从来没有过，从来没有人让他单纯为了自己做点什么。

"你想象那个让你伤了心的人就站在你的面前，你把你心里受过的那些委屈讲出来，讲出那些你因对他而起的伤心。"他沉默了，好像有些迷茫，我只好接着说说家常："你说你们家的家庭规则是孝顺。另外还有少说话，多干活。话到嘴边留半分？"

"是的。"

"你感觉一下，胸闷吗？"有的时候我们内心的感受无法表达，就会感觉到胸闷。

他长长地吸了一口气，又吐了出来，点了点头。

"把你的心里话对他讲出来。"

"他们目标太明确了。"

"他们？他们有多少人？你是对这个世界伤心了，还是那个人？"

"都有。"

"那你就和你的感觉在一起。你觉得是伤心、委屈还是愤怒？"

他又深深吸了口气，无力地吐了出来："说不好。"

"你有愤怒！你现在想用什么方式来说出你的伤心呢？"

沉默。我可以感觉到这个沉默中的无力和迷茫。这个从小就被教导少说话多做事的男人，现在已经基本跟自己的感觉绝缘了。

"你今天可以放开自己。"

"我就是感觉有火，家里没人，自己就跟自己发火。"

"自己跟自己怎么发火，你能表现一下吗？"

"就是经常骂自己笨。"

"为什么这么骂自己呢？"

又是沉默。从小就被教育要孝顺父母的人，后来又找了个强势的老婆，除了能骂自己之外，还有谁可以骂呢？但是那个可怜的"自己"又该怎么办呢？

"我觉得你在生自己的气。"

"是的。"

"人在伤心的背后会指责自己。经常会骂自己为什么会犯这样的错误，是这样吗？"

"是的。"

"那你今天可以总结一下自己，没有任何人会监督你。你可以用自己的方式表达出自己的愤怒。"

"嗯。"

"你表达过愤怒吗?"

"没有。"

"你是一个压抑的人,所有的心事都存在自己的心里。你愿意继续存下去吗?"

"其实吧,不想存。"

"但是你没有办法,就得存着。是吗?"

"是。"

"今天我给你一个机会。我们把它倒掉,当作垃圾一样。"

他犹豫了一下,清了清嗓子,终于开始了叙述:"我的心脏犯病半年了。最近半年我把所有的店面都卖了,在家待着没事。我老婆说我没用,从那时候开始,我就犯病了。"

"你为什么会有这么大的情绪?"

"怨自己吧,自己的老婆为什么会怕成这样?"

"谁还说过你这样的话?"

"没了。"

"能不能向你的老婆表达出你的内心感受。"

"我比较疼我们家孩子。因为我岁数很大才要的孩子,所以我儿子年龄比较小,我现在就想把所有的心思都放在他身上。我想多锻炼,多陪陪孩子,所以把工作一点点推掉了。我跟她说了这想法,她就说我退缩了,光贪玩了。"

"我觉得你是对自己不满意。"

"是的，非常不满意。"

"你现在做一件事情，你面对自己，你看你自己。"

"嗯。"

"你面前就是你自己。你看着他，你和他做一个沟通。"

"我不应该过早放弃事业，选择家庭。"他平静地批评着自己，说明他的惯性思维还在起作用。

"继续。"

"如果我坚持像以前那样把事业看得很重，在外面挣钱养家，那现在我就不会这么软弱，她后来说的那些话也就没了。"

其实浪漫型的终极目标都不是追求事业，他们当初努力奋斗，是因为有现实环境的压力，当现实压力减轻之后，他们就会很自然地退出来，让自己能在自己的精神世界里多待一些时间。这通常不会被人理解，尤其是这样的选择发生在一个男性身上的时候。浪漫型往往在遍寻爱侣而得不到的情况下，会找一个很现实的妻子或丈夫。就像贾宝玉最终娶的是薛宝钗而不是林黛玉一样。不管是他人的刻意安排，还是命运的阴差阳错，他们最终都会觉得自己选错了对象，在痛苦纠结中更沉溺于自己的悲伤和抑郁。

"我现在感觉轻松多了。"

"轻松了吗？"

"嗯。"

"为什么感觉轻松了？"

"该说的都说出来了。"

现实的压抑貌似解除。但他们之所以会形成这样的性格，跟童年经历是分不开的，所以我决定再带周宇凡重新穿越一下他的人生。"你再做一件事情。随着我每按一下，随着你每一次的呼吸，穿越一下你的人生。"

我让他在按摩床上躺下来，我用力地按着他的小腹，带着明显的节奏感，让他可以感觉到我，跟上我。我也感觉到了他的呼吸越来越沉重，于是我问他："你想到了什么？"浪漫型跟自己的现实感受是隔绝的，很难通过语言来进行深度的沟通，我采取有节奏的按压直接和他的身体对话，引导和陪伴他穿越生命的旅程，一步步地回到他人生开始的地方，去看看那个天真孩子是怎样变成一个沉默寡言的男人的。

"我想到了这些年，说实话，我活的真的不容易。"这句话说得低沉而迟缓，仿佛一边说，一边在感觉着自己的感觉。

"你在你的心里，一步一步去穿越一下自己的经历。"

"刚开始参加工作的时候，我真的非常努力。工资也不高，一个月才36块，想照顾谁也照顾不了，想管谁也管不了，对自己的目标也不高。"

"嗯。你一步一步地往里走，去穿越所有的经历。你看看你是怎么走过来的，感受一下所有的经历。"

他不说话了。

"你也可以回到很久以前,你小的时候。如果你有眼泪,就让它流下来吧!"

他努起了嘴,我仿佛看到了一个倔强的孩子在大人的责难中咬牙硬挺着。

"你看,在你很小的时候,你就是一个很倔强的孩子。是吗?"

"对。"

"你在很小的时候,对于自己要成为什么样的人,就有了想法。"

"是。我想自由自在的,可以让自己放松在自己的幻想里。"

"你为了这个目标,一直奋斗。你还记得那些经历吗?"

"当然记得!半年前,当我觉得我终于可以把事业放下的时候,我觉得我差不多已经做到了。"

"很好,每走一步,都和你所有的经历去接触。你还记得过去,小的时候,你的爸爸、妈妈和你在一起的时候吗?你还记得那个孩子的样子吗?还记得爸爸经常给你讲什么吗?"一般说来,浪漫型的性格有一部分天生的,而另一部分则来自儿时关爱的缺失。

果然他开始哽咽起来。

"你记得你的经历吗?"

"我记得。我小的时候,经常挨打。"

"你看看那个孩子。"

"嗯。"

"谁在打他？"

"爸爸在打他。"

"你看看他背后的伤痕。你看着那个孩子，你看着爸爸每次打他的情景，回想爸爸说的每一句话，你觉得当他挨打的时候那个孩子在想什么？你现在讲出来。"

"当时……"

"对着爸爸，直接讲。"我们从小的教养让我们很难直接面对、责怪自己的父母，但确确实实是父母的缺陷导致了我们的缺失。其实父母也跟我们一样，他们也有被错待的童年。所有的人都一样，都是盛载完美之爱的不完美之器。我们不是要责怪他们，我们只是需要面对我们的情绪。

"当时每次爸爸都是因为我不争气、惹祸才打我的。我经常跟别人打架，爸爸就打我。我不记恨爸爸，我就怪自己不争气、不省心。"

周宇凡说这些的时候，语气又恢复了平静，好像在说别人的故事，我知道他还没能跟自己的内心感受联结上。我让他翻身趴下，然后轻轻地按着他的腰椎，边按边问他："今天我们为自己做一件事情，可以吗？"

"可以。"

"爸爸就在你面前，把你的心里话跟爸爸讲讲吧。这么多年来，你也许没有真正的和他讲过。"

他没有马上回应我，我在他腰椎的位置摸到板结，想必是有些恐惧被他尘封在久远的记忆里。于是我再次引导他："跟爸爸讲讲你的心里话吧。"腰椎的板结和塌陷，代表着环境的僵化、不安全或者父亲的支持不够，而骶骨处的板结，代表人三岁以前的恐惧感，通过对这里的揉拨和引导，能从根源上找到那些被深深压抑的经历。

"我今天过得好了，你想要过什么样的生活，我就给你什么生活。让他晚年幸福。"我听到一个"孝顺儿子"在说话，而那个饱含着怨恨、饱含着恐惧、努力想和这个"俗世"抗争的孩子躲在他的影子里不安地张望。

不过他自己也有些混乱了，一会儿用第二人称，一会儿又用到第三人称。我抓住这个机会再往前进了一步："你直接穿越一下你和父亲的整个经历，好吗？你看看当时挨揍的过程，看看那个孩子的感觉。"

他的呼吸慢慢急促起来，那个孩子探出了头，在感觉他周围的环境是否安全。我不再说话，怕惊吓了这个孩子。

"爸爸……"他低低地喊了一声，有些哽咽，又停了一会儿，哭声响了起来："爸爸，我怕——"拖着长长的尾音，那个孩子终于说出了几十年没敢说出来的话。我静静地等着，等着情感的洪水漫过他多年修建的堤防，倾泻而下。

"爸爸，不要打我啊，不要打我啊。"他剧烈地挣扎着，双手在空中乱抓，我示意助教握住他的手，尽量多地给他一些温暖。

"爸爸，爸爸，我只是想给你争气，"周宇凡大口大口地喘着气，边哭边喊："他们骂你，说你没用……他们笑我，笑我们家穷，说我没有一件衣服是没有补丁的，"儿时的辛酸往事，一一涌上心头，"我只是想给你争气啊……"

是的，孩子爱父母，爱这个家，为了维护这个家的尊严，他采取了不恰当的方式，结果是给自己造成了更深的伤害。我相信这种伤害不是来自与小伙伴撕打时留下的伤痕，也不是来自父亲皮带抽下的一道道青紫，而是来自他的感受被父母否认、拒绝，来自他感受不到父母的爱！这种冷漠的感觉会深入骨髓，让他不寒而栗。

"喊出来，把你的委屈都喊出来！"那个被禁止表达几十年的孩子终于发出了声音，这个灵魂深处的声音一旦被激发就惊人心魄。周宇凡急速地、大声地、夹着鼻涕、带着眼泪不停地哭喊，双手用力地抓握着。由于过于用力，助教的手在他的手中呈现出一种被阻断了血液流动的惨白。我几乎听不清楚他在说什么，其实他此刻说什么已经无关紧要，重要的是，随着他的哭喊，他的整个身体松弛下来，腰上的板结开始柔软了。浪漫型人的情绪一旦爆发，就如同蓄水池决堤。但只有经过这个过程，我们的生命之河才能再度流畅，"大江歌罢掉头东"——我们的身体也就和心灵一起恢复了通畅和柔软。从这里开始，他才有真正的力量去接纳父亲的不完美，因为他终于不再盲目背负着父子两代人承受的心酸与重压。一切治疗的开始，都是身心能量的畅通。流水不腐，户枢不蠹。

听到周宇凡的声音渐渐低下去的时候，我再度引导他："现在爸爸就在你的面前，你看着他的眼睛，"我感受到他的颤抖，稍稍停了一下问，"你看到了什么？"

"我……"周宇凡欲言又止,仿佛是在找一个合适的词语来描述,"他……他好无奈。"

"爸爸也有很多无奈,是吗?"我轻声地问他。是的,我们的哭闹并不代表我们不懂得父母生活中的艰难,只是无意识的情绪不跟我们讲道理。我们也没必要因为这些"不讲道理"的情绪而内疚,承认它的存在,让它有个出口流出我们的身体就可以了。它被处理之后,我们会发现这个时候"讲道理"会变得容易得多。

"是的,爸爸厂子里效益不好,一个月只有那几十块钱,我妈一天到晚对他吼,他也没办法。"

妈妈出现了,这是个好机会,我紧跟着问他:"那妈妈呢?"

"妈妈一天到晚为我们兄弟姐妹四个人吃饭、穿衣发愁,总是怨爸爸。"

"你现在能看到妈妈吗?"

"能,妈妈背对着我,在灶上做饭,一边做还一边埋怨爸爸,'家里又没钱买米了。'"这一定是周宇凡童年记忆中最常见的场景。贫穷、哀怨的母亲,全部心思都用在如何用手中有限的资源尽可能满足孩子们的所有需要上,但是在年幼的孩子心中却只留下了忙碌的背影。

"你能看到妈妈的眼睛吗?"自由联想的好处在于画面可以极具跳跃性,就像电影里的蒙太奇,怎么拼接都可以。

"妈妈……"他停顿了一下,"妈妈眼睛里有眼泪……"他又开始了哽咽。

是啊,孩子,妈妈眼里有泪,因为她心里有爱,对你的爱!我相信这个时刻周宇凡已经明确感受到了那份爱，那份被诸多生活琐事隔绝了的爱！

"现在爸爸、妈妈都在你面前，你有什么话要对他们说吗？"

"我爱你们，我爱你们，我要你们！"周宇凡大声哭着，喊着。是啊，爸爸最好永远是那个抬起手就可以把我打一个跟头的爸爸，妈妈最好永远是那个火冒三丈却能用一杯米做六个人饭的妈妈。爸爸妈妈啊，请你们不要老、不要死，请你们永远那么鲜活地存在于我的生活中！所有那些被我们忽略、被我们错待的爱的岁月啊，能不能从头再来一次？

在周宇凡的哭声中，那个孤独的孩子与他隔绝多年的父母紧紧相拥。这份深深的联结一旦建立，周宇凡心里的孤独感就会被抚平许多。

"你是个好儿子，"我很肯定地说，"你给了爸爸妈妈你所能给的一切。"当我听到周宇凡的哭声低了下去，我开始带他回到现实中。

"是，我给他们买了房子，我去看他们，都给他们带一箱箱的进口水果。"

"是的，你是个好儿子、好丈夫、好父亲，爸爸没做到的，你都做到了，你给家里创造了很好的生活条件。"

"嗯，我刚工作的时候跟我爸一样，在厂里。我下决心要给他们好的生活，就出来了。刚开始的时候很难，练摊，到处去进货，到处碰壁。"

"你很勇敢。"我适时地肯定他，希望他能找回自信。

"是啊，那时候能像我这样的人还真不多，不要固定工作，敢自己单干。后来我终于有了自己的店面，但也是起早贪黑地干了五年，日子才好起来。"

"你很优秀！"

"其实我之前一直也觉得自己还不错的，"他停了一下，叹了一口气，"就是现在被我老婆说得有点发憷了。"人有的时候很容易被别人影响，尤其浪漫型，他们会很注意身边的人对他们的反应，所以林黛玉一次叫不开贾宝玉的门，就会生出"一朝春尽红颜老，花落人亡两不知"的感慨。周宇凡其实对自己的能力是有自信的，只是赋闲在家后，被老婆说得多了，就有些迷茫。如果他能对自己有个准确的判断，也就不会因为老婆的话有那么多情绪了。

我听到他这么说，知道现在可以去处理他与老婆的关系了，我让他坐起来，在学员中找一个老婆的代表。他找的学员，肩颈部明显高起，是一个典型的成就型。我对他说："你看着你老婆。"

他看了许久，轻轻地叹了一口气，说："其实她也不容易。"

"你想跟她说什么？"

"当初我们结婚的时候，条件也不好，她一直跟着我，在事业上也很能帮我，跟我一起吃苦，都没埋怨过我什么。只是条件好了以后，我想休息了，她就觉得我没用了。"

"你觉得她对你不错，但是不了解你？"

"是的。"

"那你想要一个什么样的老婆？"

"我希望她可以有时间多关注一下我，不要总是觉得吃饱穿暖、把钱挣够是最重要的，我更愿意她能停下脚步，我们一起看看日出，看看月落，好好说说心里话。"听上去好像就是林妹妹希望宝哥哥可以陪她一起葬花。是啊，在我们小时候，我们被忽略的那一部分，我们总希望能在成年后的世界中找回来。

"那给你换一个好不好，换一个你说的那样的。"我微笑着问他。

场下有的学员轻轻地笑了起来。是啊，如果你觉得她不好，你当初又为何找了她呢？我们在婚姻不如意的时候，总是在想我们是不是找错了对象，我们甚至还能找出一千条一万条理由来说明当初为何会犯这样的错。似乎换个人就能解决问题，但问题是如果林黛玉真的嫁了贾宝玉，就会从此幸福地生活了吗？

周宇凡很认真地回答我："不换！"

"为什么不换？"

"我儿子看她好。"有的学员已经忍不住笑出了声，这个理由听起来确实有点牵强，但人有的时候就是这么有意思，分明是自己心里舍不得，却找别人来做借口。其实世上没有错配的婚姻，你当初找了她，是因为她有你需要的部分；同样地，世上也没有合适的婚姻，无论你找了谁，她都不可能满足你的全部需要。所以不是婚姻的问题，而是我们内心的问题，如果我们内心的缺失希望经由伴侣获得，这样的婚姻就会是一场错误。

周宇凡在大家的笑声里也听出了点什么，又追加了一句："其实我们感情还是有的，就是脾气性格有点不合，让我心里不舒服。她事业心太强了，我心里堵得慌。有时候她也不太正常。"

"怎么不正常？"

"她的性格不好，一生气就不吃不喝，连我儿子讲话她都听不进去。其实她也挺苦的。她妈去世得早，她爸找了一个后妈，对她挺不好的。"

"所以她才那么要强？"

"嗯，是的。"

"你有没有觉得她是在担心什么？"

"嗯……"周宇凡低下头想了想，"也有，她好像总担心生活会过得很难。"

"就像在后妈那里时一样？"

"是的。"

"那你现在能明白她的恐惧了吗？"

"我其实也明白的，她的优点也很多，在我不在的时候，她对我的父亲很好，很孝敬。我爸住医院，她比我还急。"

"我可以这么理解吗？你老婆很能干，很知道孝敬老人，她有很多美德，你很喜欢她。但你很讨厌她指责你。在你的心里，她比你强势，你不甘心。是吗？"

这里其实有一个陷阱，周宇凡自己掉进去了却不自知。从他的本性来说，他并不是一个争强好胜的人，平静但丰富的精神生活才是他最需要的，但这个社会往往会认为男人要比女人强，如果被自己的妻子批评没有上进心，相当于是一种耻辱。所以他对现在的局面感到很愤怒，认为他妻子不应该比他强势。同时因为总是被妻子贬低，这让他对自己也产生了怀疑，觉得自己是个没用的人。但今天这个局面是他自己选择的，他待在家里，不是因为他没用，而是因为他自己想要享受生活，陪陪家人，他个人认为这比打拼事业更重要。只要他能看清这点，接受现在家里的局面，那么他的病就会有很大好转。

"是的，刚结婚的时候，什么都是我做主，可是她也很喜欢管，我爱她，我就让她去管。现在想往回收，不好收了。"

这个回答让大家都笑了起来。是啊，很多事情我们现在有抱怨，可当时都是我们心甘情愿做出的选择，我笑着打趣他："那就没办法了，你这个当皇帝的把权力给皇后了。收不回来了。"

"我不能这样，我得想办法啊。"

"那你把希望寄托在谁身上呢？"

"我儿子身上。看我儿子的将来。"

"你很享受陪你儿子的这个过程吧？"

"还行吧！"

"这样不也可以吗？有这样一个老婆挺好的，不让她受累她还不干。那就你停下来得了。"

"实际上，忙的时候，我就想停下来多好，但是现在这种下来的感觉我受不了。"

"大家知道吗？男人要的是尊重。下来的感觉我可以接受，但是下来的面子问题却受不了。是这样吗？"就是这个陷阱，他掉在里面正在挣扎。

"是的。"

"我现在给你两个选择：一个是告诉她，为了你的健康，你要回到自己的位置，你替她去承担更多的压力。"我转头问代表他老婆的学员："他要是这么说，你什么感觉？"

学员摇摇头，一脸不屑地说："我不相信他了，没准哪一天他又跑了。"

"是的，我老婆也是这么说的，她现在不相信我了。"这个男人萌生退意，在妻子眼中是不负责任的行为，有过这样的行为，让她再度信任他，确实有难度，更何况她还是一个生活在对匮乏恐惧中的女人。

"那么你也可以再重新发展你的事业超过她。"

"我也想过。她现在比较忙，我再找一个理想的工作，我就得在外面跑，那儿子就没人管了。"那他就会像当年自己的父母那样了，整天忙于生计，没有时间倾听孩子内心的声音，这是他没有说出口的话。我可以感觉到，当初他在他父母那里没能得到的，现在他想加倍给他儿子。

"来，我带你跟你老婆说几句吧。"事情很明显了，他其实就是没有看清楚这个陷阱。我希望我能帮他理清思路，于是对着代表他老婆的学员说："我是你老公。"

"我是你老公。"周宇凡说的时候无意识地直了直腰。

"你是我老婆。"

"你是我老婆。"他的口气好像更强硬了一点儿。

"我会承担起我自己的责任,不管我是不是出去赚钱。"

周宇凡重复的时候,好像开始感觉到了什么。

"我也相信我自己能够承担起属于我的责任,用属于我的方式。"

周宇凡脸上的神情从犹疑逐渐转向了坚定。同时,代表他老婆的学员那一脸的不屑也慢慢消散。

"我会坚守我的位置,请你相信我。"

周宇凡的声音不大,但口气却不容置疑。"老婆"深情地看着他,眼中满是泪水。

"你现在感觉怎么样?"我轻轻按着他背部与心脏对应的位置问他。

周宇凡深深吸了一口气:"好多了。"

"心里还有愤怒吗?"

"嗯,少多了。"

"你再深呼吸一下,看看心脏是什么感觉。"

"轻松多了,好像呼吸也比较舒畅了。"

"回去跟你老婆说,自从你嫁给我,过得很不容易,这个家庭你承担了很多,替我承担了很多。现在你站在我的位置上,我很感激,你把我们的生活安排得不错。但同时我也很难过,因为你不够尊重我。"我看了看周宇凡,"心平气和地谈,把你的感觉说清楚,可以吗?"

"好,我试试看。"

"你现在能接受自己的位置了吗?"

"我想只要我老婆尊重我,不嫌弃我,我是能接受的。"

"首先你要先尊重自己,不嫌弃自己才行,你要知道你现在的生活是你自己的选择,不是因为你无能,而是因为你愿意!"

"嗯,我想我能想通的。"

"你还觉得你有病吗?"

"没有了,我觉得我大概就是这么一种人吧,这个世界上应该是有我这么一种人的吧。"

当然,这个世界上的花五颜六色,这个世界上的人千姿百态,只希望所有的生命都各得其所!

◆塌陷的肩颈——浪漫型的外在表现

浪漫型给人感觉通常是风度翩翩,不同于成就型的干练大方,他们会更具个性化、更飘逸、更灵动。看到他们的时候,你总会觉得他们是色彩专家。他们对色彩的搭配,对美的理解不得不让你佩服。他们打扮得永远那么出众,虽然色彩缤纷但不炫耀,他们举止优雅,但优雅中总透露着淡淡的忧伤。他们大多体态轻盈,在体型上有一个很明显的共同点,就是肩颈部中央是塌陷状的,这也是他们的症结所在。那这个部位说明了什么呢?

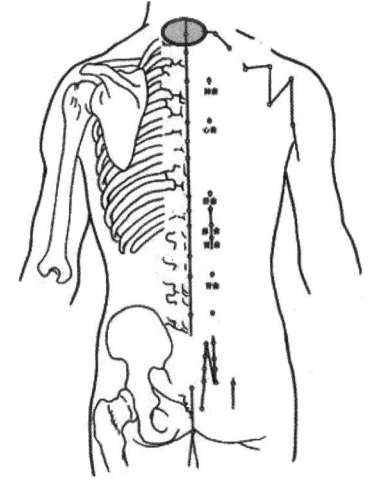

从现代医学角度分析,从颈椎第七椎和胸椎第一椎发出的自主神经根主要连接肺,它是肺的自主神经;而在中医的经络学中,这个部位的穴位叫作"肺俞",也就是说肩颈这个部位是肺区。肺在中医理论中代表的情绪是忧。《黄帝内经》记载"精(气血)聚于肺则怒,精散于肺则忧。"这类人肩颈处塌陷也就代表着肺气不足。所以从生理结构上就决定了他们忧伤的特质。《黄帝内经》记载:"肺其神为魄,其志为忧","忧伤肺"。而忧伤——多愁善感是他们的常态。于是肺气虚弱、咳嗽、多病、体虚、气弱也就成了他们的常态。肺的神为魄,魄力是肺气足的表现,所以魄力这个词就注定与他们无缘了。唉声叹气、独自流泪、孤独地品味凄美的感情世界,也就成了他们的一道风景。

看到他们,我们往往会想起"林黛玉"。他们的柔弱与凄美往往会吸引很多有保护欲望的"他"或"她"不由自主地走近他们,替他们擦泪,充当他们的"护花使者"。可当你真的走近他们，当你坠入了他们编织好的爱的天罗地网的时候，你会痛苦地发现你根本无法了解他们，因为你甚至不知道他们要什么。

这里还有一个秘密，当你问这类人"你到底想要什么？"的时候，他们根本回答不上来，即使他们回答了，答案也会是漫无边际的神话，因为他们要的是这个世界根本没有的真空美和不食人间烟火的爱。

记得在我的一次课上，有一位这样的女孩子。我问她："你要的男朋友是什么样的？"她悠悠地告诉我："我找的男朋友要干净得透明，让我能看到他的心；强大得像天神，能够让我在哪里都有被保护的感觉。他要有知识，懂琴棋书画，而且懂得欣赏'春有百花秋有月，夏有凉风冬有雪'的美，每时每刻都有浪漫的爱。我追求一种天然的爱，那种爱要比水还纯净，那种爱要像春风一般温暖并且无处不在……"她整整说了半个小时，而且神情陶醉的样子。我笑着问她："这样的男友在哪儿呢？"没想到她却流泪了，抽泣着说："他在天上！"

是的，他们找的爱在天上，他们追求高品质的爱、高浓度的爱、高温度的爱，而且不许爱情降温。一旦爱情降温，他们整个世界都会变得黯淡无光，所以他们是不允许爱情降温的。如果爱情可以吃的话，他们可以不吃饭。也许你认为我说的都很夸张，但我负责任地说这一点也没夸张。前几年我见到这样一位女孩子，清秀优雅，本身是来解决身体问题的，她告诉我她经常咳嗽、失眠，而且总是觉得全身乏力，腰膝酸软，免疫力低下。

当我把手放在她后背上，问了她一句话："你有很多忧伤，你愿意和我讲吗？"她马上眼泪汪汪。我又问："你的伤心是谁带给你的？"她说："我老公。"我又问她："他做了什么让你那么伤心？"她说："他没做什么，他就是不爱我。我们结婚前他经常抱着我而且处处惯着我。出去旅游，他还背着我过小河，可是他现在很少抱我了。"我问："你们结婚几年了？"她说："十一年了。""哦，"我无语，但还是问她，"在这十一年中他对你怎样？和你争吵过吗？"她说："那倒没有，只是他变了，变得不爱说话了，而且他工作特别忙。自从他当了领导之后回家都很晚。"我说："是不是他工作特别忙、压力又特别大呢？"她又说："可是他又管我特别严，不允许我出去，下班就要回家带孩子。"我问："他一直对你这样吗？可以理解成他不放心你吗？"她说："就是我们单位里有个小伙子追过我，而且我和他有过来往，被我老公发现了，于是他很生气，从那个事之后他就不让我出去了。"

听完这个故事你会有一些不理解他们，你会认为他们不专一，其实不然。他们很专一，但是他们专一的不是爱人，而是爱情，在他们看来爱情甚至比生命更重要。他们不能忍受爱情回归现实，他们希望爱情保鲜。当他们发现爱情不是他们想象中的那样时，就会陷入深深的忧伤当中。他们绝不会放弃爱，因为那是他们一生的追求。在爱恋中他们永远是需要被怜爱的对象，他们别无所求，只为了世间纯真的爱。眼泪是上天专门赐给他们的，只有挂在他们脸上才成了世间的一道美景。虽然他们对爱的认知让人无法理解，但是他们那副真诚的神态在告诉你，你必须重新认识他们，并用他们的方法重新理解他们。

◆童年的缺失与对爱的憧憬——浪漫型的内心世界

其实我们每一个人都有可能被一个潜意识的动力而驱动，因为我们来到这个世界都是有缺失的。只是我们缺失的不同，所以我们追求的不同。当一个人从小没人保护，他潜意识就会一直追求安全感。当孩子未得到关注，他一生都会追求关注。而他们之所以一生追求爱情，也许正因为他们正追求着生命中最重要的那个人的爱——异性父母的爱，对女孩而言是父爱，对男孩而言是母爱。

因为浪漫型大多数是女性，我就以女性为例解读他们内心世界。在她幼年时期，她最常做的一件事情，就是独自站在空旷的地方仰望天空，进入无尽的幻想。幻想自己能飞上天空，幻想有一个美丽的、能属于自己的世界。那里有一个童话世界，在那里能遇到一位白马王子，把她带到一个美丽的天国。那个王子深深地爱着这位需要百般呵护的姑娘。一般她会有一个让其敬而远之的父亲，如果你让她面对父亲，她会很纠结。她认为父亲是很优秀的男人，自己很尊重他，但父亲离自己很远无法靠近。她对于父亲的回忆也是永远有距离的。一般在她3～7岁时，父亲不是忙就是带有大男子主义，或在父母心里有男女的偏向。

你去触摸她的后背会发现，在她肩背与腰的部位都会有一个很深的塌陷。这样的女孩和妈妈一般也是有距离的。大部分这样的家庭,父母之间的亲密关系都存在着一些无奈,父母的关系不太融洽。她的潜意识里认为妈妈不是一个合格的妻子,妈妈是配不上父亲的。在潜意识中,她会这样告诉自己:"我要成为一个懂得爱的女人,妈妈根本不懂怎么爱。父亲是那么优秀,是那么高大而英俊,我长大要找一个像父亲一样的男人。然而父亲又是那么严肃,从不正眼看我一下,更不用说能够抱抱我了。要是父亲能把自己扛在肩上多好!父亲的肩膀是那么宽厚,肌肉那么健壮,他会轻而易举地把我扛在肩上。他是无所不能的,他能满足我所有的要求。他会并有能力无微不至地关心我,像爱自己的公主一样爱我。我长大也要找一个这样的人爱我!"她带着这样一个深深的渴望,每天进入这样一种幻想中。

如果探索他们的成长历程,我们常会发现在他们的幼年时期存在一次与父母不安全的分离。特别是在他们3~7岁时期,在他们的心里会有一个高大的背影离他们而去。一般他们既爱父母,又恨父母。他们爱父母的优秀高大、无所不能,又恨父母不能给予他们无条件的关注。他们期待爱的方式是将渴望深深藏在心底,他们用排斥的方式或者等待的方式来面对父母。他们很难和父母有肢体接触,甚至走近父母都很难。这就像一个张开手臂向父母要爱的孩子,第一次要父母没给,第二次要还是没给,甚至还转身离开了。等父母忙完自己的事情(也许忙了很久,比如一年或几年),有一天想走近孩子了,孩子却不敢要那份渴望已久的爱了,因为他们会害怕再一次的分离。于是他们就把对爱的深深的渴望深埋在心里，幻想着有一天有个专属于自己的爱人来满足自己所有的缺失。他们时常仰望天空，或凝视窗外飘荡的细雨，让思绪放飞，让美好的憧憬陪伴自己的孤独。他们长时间沉浸在自己的世界里，欣赏那个虚幻世界的美，花开花落、春花秋雨、朝露的轻短、夕阳的凄美。在他们的世界里，一切都会有生命，对生命他们有独自的体悟。真实世界和他们隔离出的世界形成一种对比。有时我会怀疑，是我们的世界真实还是他们的世界真实？我经常小心翼翼地去探究他们的世界，那儿有一个寂静而美丽的花园。如果你能走进他们的内心花园的话，你才能真正知道爱的美丽。

◆自我调节——假如你是浪漫型

深度觉察：浪漫爱情

浪漫是追求美、追求爱的一种生活态度，是一种享受生活、享受生命的态度。但浪漫不是盲目的，它是爱自己的前提下也全心地热爱着生活，热爱着生命，而不是一次次地飞蛾扑火。而浪漫型却潜意识地追求一种被伤害的爱，因为那种伤害是对幼年的一种重复。在一次次的伤害中，他们把自己搞的遍体鳞伤、身心疲惫，可是对"爱"的追求却从未改变——这就是对"爱"的深深的渴望。每当面对这样的"他"或"她"时，我都会看到那个对爱深深渴望的孩子，有时我也会心痛地流泪。

作为一个已经放下自己只追求爱却饱受了爱的痛的人，一个在人生的长河当中一直独守着孤独而又渴望陪伴的人,你能认识自己吗?今天何不静下心来看看自己呢?你看着面前的这个自己,去拥抱下自己吧。这么多年的生活当中,你可能发现了世间很多美好,比如那春天的绿、夏天的花、秋天的丰硕、冬天的雪夜。但是你也许忘记了自己这个最值得欣赏的风景,你的美是所有美的结合。你是一个完整的生命,你的生命和所有的生命是深深地联结在一起的。然而你又是一个独立的生命,与众不同的独立的生命,你有独一无二的美!

当你发现了自己,也重新看到了自己,你便学会了认识自己。重新穿越一下自己的人生经历,去看看自己一直追求的"爱"——辗转反侧却又求之不得的"爱"——也许就是童年父母的爱的缺失。回去吧,回到过去,去看看那个孤独的孩子,去陪伴那个孤独的孩子——曾经孤独的并且现在依然孤独的自己,去拥抱他,去用心爱他,去和他诉说你的伤心、你的抱怨、你的一切一切情绪,他都会理解,因为那就是你自己。

带着那个孩子一起拥抱一下父母,也为自己去拥抱一下父母。也许你还不能原谅他们,也许你还记得在你需要的时候他们没能给你想要的爱,以至于现在还不能接受他们,那就允许自己将自己的抱怨讲出来,将自己的伤心讲出来,将自己的渴望讲出来,全部讲给那对忙碌的夫妻。当你讲出那些积压了多年的情绪后,再去看着他们的眼睛,你就会发现其实他们一直在看着你,那双眼睛里流动着爱,那正是你渴望多年却一直怎么也寻找不到的爱。他们一直在你身边,只是你一直未曾发现。

给自己一个机会，去走向你的父母吧。你可以艰难地迈出第一步，轻轻叫一声："爸爸，妈妈。"也许眼泪会模糊你的视线，但它清洗了你的心灵。你会看见，真的用心看见，爸爸妈妈那双渴望儿女的眼睛。去拥抱你的父母吧，那是你真正渴望多年的温暖，渴望的真正的爱。让爱重新流动，抚平你在追求爱的旅途中积累下的满身伤痕！

行为实验：打开自己

浪漫型最通常的表现就是沉浸在自己的世界中，虽然一方面渴望着爱，却又一方面对"不合格"的爱嗤之以鼻，抱着"宁缺毋滥"的心态，把亲人、朋友都拒之门外。浪漫型的你经常会陷入抑郁的状态,时常会有这样的感觉："世界都不理解我，而且我所爱的人（将要失去的人）是自己盼望已久不可能再遇上的最好的人。如果没有他，我的生命都没有价值了，我的人生和整个世界将没有了颜色，整个世界都不会有人能理解我。"在这种时候，各种身体疾病就很容易乘虚而入，这又反过来印证了生活的不易。更有甚者还可能产生轻生的念头。

其实这个世界除了你自己习惯的这种解读方式之外，还有其他的解读方式。春天可以是春寒料峭，也可以是山花烂漫；秋天可以是落叶萧萧，也可以是果实累累。把自己的心门打开，多看看别人眼中的世界，体会各种不同的情感,慢慢地你就会发现世界多彩的一面。你不妨做个小小的尝试拿一件事情跟不同的人去讨论。如果你还不习惯跟别人谈论自己，可以先谈与自己无关的事情，比如一部电影、一首歌。跟不同的人分享你的感受，同时去听听别人的感受。对于跟自己不同的感受，先不要下判断，只是聆听，看看别人眼中的世界是什么样的。慢慢地，你会发现表达自己也不是很困难的事，跟不同的人交流，收获不同的反馈，你可以有更多的选择。我们毕竟不是生活在林黛玉的时代，很多时候我们都可以有自己的选择，抑郁是我们自己的选择，同样，阳光也是我们的选择！

身体练习：

多年的忧伤使身心都受到了伤害，所以你需要很长一段时间的调养。比如身体虚弱造成的失眠，可以通过每天早睡早起、做一做诸如太极拳或跑步之类的运动来逐步改善。因为自身的多愁善感已证明你的体质虚，特别是肺肾两虚，正如《黄帝内经》记载："……辛生肺，肺生皮毛，皮毛生肾……在声为哭，在变动为咳……在志为忧。忧伤肺……"所以恢复自己的身体健康也是个工程，每天多晒太阳，阳光本身就能起到补充阳气的作用，另外练习深蹲也补肾阳。动补肾阳，静养肾阴，每天在运动过后可以练习一些打坐静心和呼吸吐纳的功法，比如早晨起来面对东方练习吐纳。

在这里我给大家分享一个脱胎于《黄帝内经》的吐纳功法——五行吐纳法，它有滋养五脏、调气血、除病瘟的功效。

具体方法如下：

1、每天可以选择上班前或下班后的时间，找一个安静通风的场所，在地上只铺一个坐垫。面南背北盘腿坐在坐垫上，双手掌心向上放于两膝盖上，放松身体坐直，眼睛微闭，给自己一个深呼吸。

2、随着自己的呼吸想象肝脏生出一股绿色的气，由左侧发出，这股绿色的能量去到东方的森林，并与森林的能量相联结，两股能量融合成一体，相互流动，源源不断地回到你身体内部，同时在自己身体周围形成一层绿色的罡气。

3、随着绿色的能量和罡气的存在，继续想象自己的肺，由肺部产生白色的气状能量，由右侧发出，去向西方，与西方的冰山的能量相联结，两股能量融合成一体，相互流动，源源不断地回到你身体内部，同时在自己身体周围绿色罡气外形成一层白色的罡气。

4、随着两层能量罡气的存在，继续想象自己的肾，由腰部发出一股黑色的气状能量，由后背发出到北方，与大海的能量相联结，两股能量融合成一体，相互流动，源源不断地回到你身体内部，同时在自己身体周围两层罡气外形成一层黑色的罡气。

5、随着三层能量罡气的存在，继续想象自己的脾，由身体中央发出一股黄色的气状能量，这股黄色能量与大地的能量相联结，两股能量融合成一体，相互流动，源源不断地回到你身体内部，同时在自己身体周围三层罡气外形成一层黄色的罡气。

6、随着四层能量罡气的存在，继续想象自己的心脏，由心脏发出一股红色的气状能量，与空中的太阳的能量相联结，两股能量融合成一体，相互流动，源源不断地回到你身体内部，同时在自己身体周围四层罡气外形成一层红色的罡气。

7、五层罡气形成以后，我们的五脏以及全身的能量与大自然完全融合在一起，相互流动。调匀自己的呼吸，保持 30 分钟以上。

8、当你感觉全身舒畅，气血充足之后，你便可以收功了。你可以把所有的注意力收回到自己的身体上，放松。长长地做三个深呼吸，活动下手脚，然后缓缓地站起来，拍打下全身，之后就可以去做其他的事情了。

每天修习这个功法可以提高五脏能量，增强免疫力，增加快乐感和精力。

自我调整是一生的功课，每天为自己的健康做储蓄，积少成多，做一个自然健康的人，打造健康快乐的人生！

静心冥想：

我们闭上眼睛，让自己放松下来，给自己一个呼吸，一个深深的呼吸。再给自己一个呼吸，随着这个呼吸，让自己彻底放松下来。

当你全身放松，你可以想象面前有一个人，这个人是你自己，也许他有些熟悉，也许他很陌生，这么多年，我们很少有机会好好看看自己。

你可以看看自己的眼睛，你可以从他的眼睛当中看出他的内心。请你在心里和自己说一句话："好久没看到你了，我需要你陪伴着我，我总也不离开你。"让我们好好感受一下自己，感受他的内心，感受他内心最深处的悲伤和痛苦。"是的，我知道你内在有多少伤心，有多少痛苦，有多少遗憾。我陪你走过，陪你走过一切。"看看童年时的欢笑和泪水，看看成长中的愤怒和无奈。

也许你会有些恐惧，也许你会有些忧伤，也许你还有很多的牵挂，不要紧，请你此刻尊重你内心的感受，让这些感觉慢慢流淌出来。看看那个被遗忘许久的孩子，他永远在某一个地方等着你。请你跟他说："我回来了，这么多年，我也没回来看你，今天我回来看你了。我会陪着你，就在这里，就在今天，跟我在一起，你有自由，你可以放心，你可以笑，你也可以哭，请你把心里的话都讲出来，我陪着你，拉着你的手，一起走过。从今天开始，我会把你放在很重要的位置，放在心里，去感受曾经所有的感受，去唤起，去融化所有的封冻。请你和我一起走过。"

第四章

和平型：我不重要

和平型是最有人缘的人，因为她们总是在"无怨无悔"地为身边的人做着一切力所能及的事情。她们不希望身边的人有冲突、有矛盾，她们总是以自己的行动换取身边人的和平。她们是贤惠的妻子和任劳任怨的母亲。对她们来说，孩子很重要、爱人很重要、父母很重要……所有的人都很重要！她们可以为所爱的人付出一切，却唯独忘记了自己也很重要！他们的情绪被压抑得很深，她们不断为别人付出，内心却总是觉得很委屈。因为那个付出的背后，有着深切的渴望：请你爱我！

◆李萍的故事

◆向心胖——和平型的外在表现

◆我不重要——和平型的内心世界

◆自我调节——如果你是和平型

◆ **李萍的故事**

李萍是我在上海开课时遇到的学员。我记得那年夏天特别热。李萍当时被朋友邀来听沙龙，我对她有印象是因为上海人多半喜欢穿颜色丰富的衣服，她却一袭黑衣。她一开始对我讲的内容没怎么在意，后来我现场讲解了几位学员的身体和行为模式的关系之后，她有些入迷了。我在沙龙中很经常做的一件事，就是请学员上来，按身体地图检查他的后背，然后说出他的家庭关系、童年经历、行为模式等。这个环节通常很能吸引人，我说的准确程度常让当事人瞪大了眼睛，也让台下的人啧啧称奇。有人形容我像个算命先生，其实我只是读出了身体上的纪录而已。说实话我个人并不太喜欢这种太过戏剧化的呈现方式，但如果这样做能够引起人们对身心能量的兴趣，那么充当一下算命先生也没关系。

在此之前，李萍已经进行了几年的心理咨询，仍一直希望探究自己的内心世界。有心理咨询基础的学员学习我的疗法，既有好处，也有不利的地方。好处在于他们对人的心理有了一定的了解，对于我讲的理论部分会接受得比较快，但这也是不利所在，因为他们对于心理过于理智化的思考，使得他们对于自身感觉和情绪的隔离比一般人多。

正式上课那天，李萍还是穿着一件黑衣服，虽然式样宽松，仍掩不住她腰上的赘肉。

"生活中，我们经常会看到这样一类人，他们有一种共同的情绪：委屈。他们内心承载太多的委屈，忍受着委屈的折磨，压抑着愤怒和伤心，却又不得不照顾别人。无休止的超负荷付出，让他们彻底忘记了自己。我称他们为和平型。"我在向学员解释体型与童年经历的关系，"这一类人最常见的体型，就是向心胖：后背厚，肚子大，屁股小，腿细。"

说到这里的时候，李萍身边的同伴就戏谑地伸手向她的腰间。我看到她脸上有点尴尬，决定要帮帮她。"你是不是就是这样的呢？"我微笑着问她。

"是。"她有点犹疑地回答。

"你平时感觉怎么样？"为了让学员的注意力从她的体型回到课堂上来，我问了一个专业问题。

"我其实还好了，就是总觉得自己付出那么多，可是别人却看不到，总觉得不是很开心。"

"嗯，这就是典型的和平型的心态。"我跟大家说完这句话便转向她："今天你愿意让我来帮你吗？"我不确定李萍是否已经做好了准备。改变必须是由生命本身发出的意愿，任何人都不能替她做决定，我只能等待她做好准备完全打开自己的那一刻。

李萍很爽快地走向场地中央的按摩床，我知道她已经准备好了。她躺下之后，可以很明显地看到她的后背像小山一样隆起，我不禁一阵心酸：不知道她这四十多年的人生到底经历了多少苦难，才把自己的身体搞成了这样。

面对个案的时候，我常常会被他们强大的生命力所震撼：在那么多的人生苦难面前，他们选择以自己的方式坚忍地承担，他们的身体为了他们的承担，不得不做出各种调整，以致形成了各种各样外在的变形，而他们却仍在顽强地支撑着，他们的身体也在顽强地支撑着，这大概就是我们人类代代繁衍、生生不息的原动力吧。

我摸了摸李萍的后背，果然，她的后背几乎已经硬得像一堵墙。这些年大概就是这堵墙为她挡风遮雨吧，而现在，我必须让这些风雨再重来一次。所不同的是，这一次，我不能再让她躲在墙后，而要让她将风雨中所有的无奈与无助、愤怒与委屈，所有的情绪都发泄出来，这将让她看到风雨中那个真正的自己，也许以后她就再也不需要那堵墙了。

我轻轻按着她的后背说："你压抑了很多、很多的委屈、愤怒还有忧伤，对吗？"在我们的后背上记载着人生中的各种情绪，而那些强烈又持久的情绪，往往产生在我们与父母的关系中，这些情绪却因为我们所接受的传统教育被深深地压抑在我们心里。我按住李萍的后背，是希望让那些被深深压抑的情绪得以浮出水面。

李萍一下子沉默了，似乎还没有从刚才当大家的"开心果"的情绪中转换过来。我的手放在她的肩胛旁，轻轻地按着。慢慢地，她叹了一口气，说："是的。"

"你的妈妈很能干，但是给你的爱不够。"我摸到李萍后背上左侧肩胛骨明显比右侧高出许多。这个区域是我们的心俞区，对应着我们对母亲的情绪。李萍左侧心俞区整个高出来，代表着与母亲的关系有问题，在这里，我结合李萍的整体情况，判断她有很多对母亲的不满情绪，但这些情绪都被深深地压抑起来无从释放，造成这个区域神经与肌肉紧张，结果就形成了肌肉的僵硬和隆起。

"嗯。"李萍似乎有些不好意思地承认了。这就是典型的和平型的方式：很难承认自己对别人的不满。她大概有着和平型最典型的人生经历：从小就是一个被忽略的孩子，父母或是由于工作忙，或是因为孩子多，而很少有时间关注这个孩子。他们一般都很乖，很少制造麻烦，也不易引起别人的注意。可是会哭的孩子有奶吃，如果一个家庭中有很多孩子，往往那个最不爱哭的乖孩子，得到的关注最少。就是因为他太乖了，太默默无闻了，反而更加让家长忘记了他的需求。在李萍的内心，那个孩子已经被忽略太久了。

"那你现在做一件事情，你想象一下，现在你面前有一个人，那是你自己。"我继续按摩她肩背的位置，"你看她的人生经历，在她很小的时候，爸爸妈妈在哪里？在做什么？你还记得他们吗？"

"妈妈在上班，爸爸在做生意。"

"你呢？你在做什么？"

"我在做家务。"

"你在做家务？那时候你几岁？"

"七岁。"

很多和平型童年都是在"做家务"中度过的。他们为了得到父母的关注，不断地帮助父母承担家务、放弃孩子本应有的游戏和玩耍。他们渴望父母关注自己的需求却总是无法如愿,委屈由此产生。这些童年积压的委屈情绪,表现在身体上就是腰腹部的赘肉,这时我首先要做的就是帮他们释放出被压抑的委屈。

"你的整个童年是缺失的。"我一边按摩一边说,"你过早地承担起了家务,你很爱你的妈妈,也很爱你的爸爸,却唯独忘记了你自己……"我明显感觉到躺在床上的身体开始放松下来,"现在,我陪着你一起,去看看小时候的自己吧,你看到她了吗?"

"看到了。"

"你面对着自己,看着她整个的人生,你想对她讲什么?"

轻轻地抽泣声断断续续地响起,过了一会儿,李萍才慢慢地说:"太累了。"

"你太累了,你问问她:委屈吗?"虽然我的声音尽量平静,但是我的内心却随着她的哭声一阵阵抽痛。

"委屈。"这一次李萍回答得很快,浓浓的哭腔,几乎盖过了她说话的声音。

看来她内心的感受已经慢慢苏醒,我可以再向前走一步了,"来,你告诉她:'今天给你一个机会,把你的委屈讲出来。'"

"今天给你一个机会,把委屈讲出来。"她边哭边说。

"你愿意和谁讲?"我边按摩她的胸椎,边轻声问。

"愿意跟我的爱人讲。"

"那就对着你的丈夫，面对着他。你想对他说什么？"对于个案来说，所有能给她支持和力量的人和事都是我可以用来帮她的资源。

"理解我！"

"他根本不理解你？"有的时候资源并不能在第一时间被挖掘出来。

"是的。"

"他经常跟你说的一句话是什么？"

"你不行。"

我迅速反应过来，这是一个从小不被认可的孩子。我们总是难免在与伴侣的关系中重复童年的行为模式，和平型由于从小到大的生活经历，已经习惯了用压抑和讨好的方式来对待与自己关系亲密的人。他们总是在亲密关系中觉得对方不在乎自己、不认可自己。他们因为压抑、讨好而感到委屈和愤怒，又因为委屈和愤怒而产生抱怨和控制。因此，在疗愈和平型时，需要先引导他们把压抑的委屈发泄出来、把心里的抱怨讲出来。我尽量轻柔地问："在家里，你是不被认可的？"

"是。"

"你心里对丈夫有怨气，对吗？"

"对。"

"把你对他的抱怨讲出来。"

李萍深深地吸了一口气，似乎鼓起了很大的勇气，我在等待着这个停顿后的爆发，她却无力地说了句："我讲不出来。"

"因为你没有力量，是吗？"

"是。"

"你想做什么？"

"我想让他帮帮我。"

"跟丈夫讲，'我扛不动了。'"我加重了语气，我知道这个时候只有这样坚定的声音才能帮到她。

"我扛不动了。"她小声地嚅嗫着。

"用你自己的语言讲出来。"我的口气已经近乎命令，我急切地想让她知道，只有迈出这第一步，才能和自己封闭多年的情绪接触。

她深深吸了一口气，轻声说："我有点撑不住了，帮帮我。"

这时我感觉到场下的学员有些情绪躁动。很多时候，我们对自身问题有过很多的思考，但别人的情绪状态对我们来说却有些陌生。于是，我抬起头来，环视了一下大家，"大家看到她是什么样的情绪了吧？就是压抑的委屈。因为长期习惯性的压抑，很多人都已经忘记如何去关注自己内心的感受，更忘记了如何才是最自然、最正确的表达。"学员中有人发出了叹息，我从这些叹息中，感受到了一种理解，更感受到爱的流动。的确，不管是什么样的人，不管是抱着什么样的目的，不管是拥有什么样的人生经历，大家能坐在一起，就是缘于一种爱的力量，正是这种爱的力量促使我们有意愿去了解自己，了解他人，也正是这种力量让我决心探索身体与情绪的秘密。人间处处都是爱，只是它有时会带着魔鬼的面具，疾病本身就是一种爱的表达，我希望更多的人能通过了解自己身体的疾病，看到那个魔鬼面具下爱的本色。

我低下头来，转而用更轻柔的语气对李萍说："你很无力，是吗？"

"是的。"她的身体似乎进一步放松了。

"我们做一件事情，可以吗？"

"可以。"

"想象去看看你的妈妈，你想跟妈妈说什么？"妈妈是我们生命最初的联结，通过妈妈我们来到人间。我的治疗经验告诉我，"妈妈"是一个神奇的词语，提到妈妈，不管我们内心开始有多么复杂的情感，最后总能在妈妈那里找到爱的力量。

"妈妈，保重身体。"又是一阵嚅嗫。

"你觉得妈妈的身体很重要，那你自己的呢？你重要吗？'我不重要'，是吗？"我感觉自己手下躺的是个怯懦的、如惊弓之鸟一般的孩子，我只有尽量放柔自己的语气，生怕惊扰了她。

"我……"她停了好久，叹了一口气说，"不重要。"

此时场内已经开始响起了啜泣声，我可以更明确地感受到爱的流动。

"我们两个共同做一件事，可以吗？"我一边按摩她的骶骨位置一边问。骶骨代表了一个人0～3岁的记忆，李萍骶骨的地方是干瘪的。这里干瘪的人在婴儿期经历了很大的危机，由此而生的恐惧会伴随其一生，使其性格里带有强烈不安成分。我拨动这里，是希望可以伴随她一起回到生命之初，帮助她释放这种根深蒂固的不安全感受。

"我们回到你小时候，看看那个孩子吧。那个孩子多大？"

这时《天空之城》的音乐在耳边响起，低沉而忧郁的旋律很好地带动了李萍的情绪。

"她很小，才刚出生。"

"现在她在哪儿？"

"在保温箱里。"

"你走近这个孩子，去看看她。"

"嗯。"

"她很弱吗？"

"嗯。"李萍的声音越来越低，我知道她现在已经几乎回到她刚出生时被疾病威胁的那种恐惧中去了，但我还需要她能留一部分意识在这个当下，这样才能开始她的治愈之旅，于是我稍稍提高了声调，问道："你看到她了？确定地回答。"

"是，看到了。"声音很清楚，我明白她现在的状态刚刚好。

"你亲手去抚摸一下这个孩子。"

"隔着保温箱我摸不到她。"

在她的声音里，我听到无尽的酸楚。本应在阳光下伸展手脚、咯咯大笑的婴儿，却因为病痛，被隔离在保温箱里，独自与死亡的恐惧搏斗。我不知道那时父母的爱是否能穿过那厚厚的玻璃，传递到这个孩子身上。我们总希望现代医学能给孩子最好的保护，当孩子生病时，我们首先想到要采用最先进的医疗手段，无可否认现代医学的力量确实很强大，但我也相信爱的力量更是不可估量的。国外近年来都在推行一种"袋鼠护理法"来护理早产儿，就是将孩子放在母亲胸前，通过母亲与孩子的身体接触，让母亲的体温与心跳给孩子以安抚，这样可以非常有效地促进早产儿的生长发育。近两年媒体还报道过一个发生在英国的奇迹：一对龙凤胎生下来时，男孩已经没有了呼吸和心跳，医生宣布他死亡，可是他的母亲不肯放弃，将赤裸的孩子放在自己赤裸的胸前，一边抚摸一边轻声地呼唤他，两个小时之后，孩子睁开了眼睛，有了规律的呼吸。也许，在医学触不到的角落，只要有爱在，就会有奇迹。

"你看看她，那就是你。"我轻轻地对李萍说。

李萍没有回答，我感觉到她在深深地呼吸，仿佛是那个保温箱里的孩子，挣扎着，贪婪地吸进每一口气，因为每一次的呼吸对她而言都意味着生的希望。

"这个孩子，她瘦吗？"我继续追问着，我需要她还有一部分意识留在当下。

"是，很瘦……她要做手术治疗。"李萍抽泣着回答。

"他在保温箱里待了多少天？"

"一个月。"

"一个月过去了，能出来了吗？"

"我看不很清楚，应该出来了。"又是一阵的抽泣。

"看看她出来的时候，出来之后，她在哪里？"

"在妈妈怀里。"

听到这个回答，我心里闪过一丝微笑。对于像李萍这样从小就压抑自己的孩子，她能重新回到小时候，并能重新建立起和父母的情感联结，重新感受一次母亲的爱，这一点至关重要。这不仅能够增强她的心理能量，更能够从根本上改变和缓解她的委屈和愤怒。

"妈妈在抱着那个孩子。你看着她，你可以去触摸她，你看到了吗？"

"看到了。"

"谁在抱着？"

"妈妈。"

我不断地重复妈妈在抱着她，她不停地哭泣，但我能感觉到她的身体开始柔软了下来。接下来要做的，就是带领她一步一步长大——带着这份母亲的爱重新长大，重新面对和感悟过去的一切。

"来，你现在用心地看着她成长，陪着这个孩子一点点长大。"

"嗯。"李萍现在已经放声大哭了起来。

等她哭了一会儿，我问："她长大了吗？"

"长大了。"李萍的回答几乎是哭喊，和刚开始的无力相比，我知道她已经具备重新长大的力量了。

"现在几岁了?"

"七岁。"

"七岁了,你现在可以出去玩了。"

李萍默不作声。

"她在做什么,在做家务,是吗?"

"是的,她一直在做家务。"

"你走过去,对她说:'我来帮帮你。'"

"我来帮帮你。"李萍一边抽泣,一边犹疑地说,"你可以出去玩了。"

我知道必须再加把力了,于是我很肯定地说:"你想去哪儿?"

"去哪儿?我不知道,"李萍又哭了起来,"我不知道,太远了,她不想出去……"

这是一个关键的时候,她现在还在使用以前的方式:我不出去,我努力帮妈妈干活。可是七岁孩子的天性就是要去玩啊!正是这种天性被压抑了,才会形成那么多的委屈,所以现在我必须要打破她原来的模式,让她勇敢地表达自己内心的想法。

"你想带她出去玩吗?"

"想。"

"带她出去走走。你问问这个孩子,她为什么不去?"

"她不愿意去。"

"跟她说:'你可以去。'"我步步紧逼,我感觉到了她的犹豫。她已经看到了新世界的曙光,却在门口止住了脚步,并想缩回去。现在很多人质疑精神分析学派,认为他们反复挖掘童年创伤对个案现在的生活并无裨益。但是我们不能否认,的确有很多人停留在童年创伤造成的行为模式中,这也是许多身体疾病久治不愈或经常反复的原因。这个模式不变,人们心中的世界就不会变,心中的世界不变,身体上的疾病就不会变,因为它们也是你的世界的一部分。

在我的治疗中,我也会让个案先回到童年,但我的目的在于重构:以现在的视角去重新经历那一切,你就会发现,时已过,境已迁,一些以前你觉得必要的行为模式、思维模式已没有存在的必要,旧世界的壁垒开始崩塌,新世界的曙光透了进来,一个全新的生命经历呼之欲出。李萍现在就是在这个坎儿上,我知道我不能让她退回去,我必须要再推她一把。我手上加了些力,按摩她的尾椎部位,同时大声地跟她说:"你可以哭!"

"你可以哭,你可以哭……"一开始李萍只是机械地重复,但很快情绪就冲开了这道闸,她又一次放声大哭起来。

"现在我们带她出去玩吧,她想去哪儿?"

"去河边,我想去河边玩!"她在哭喊着,身体在我的手下剧烈地抖动,仿佛是用尽了全身的力量喊出了这句话。

"带她去!"我大声地回应着。

"她已经在河边玩了……"

音乐这时转成了《童年的回忆》,悠扬而轻松的音乐,让人看到了希望。

"告诉她，慢慢会好的。"

"我会很好。"虽然还带着哭腔，但她已经掩饰不住那淡淡的喜悦。

"看着那个孩子，她在长大吗？"

"是的，她十六岁了，二十岁了……"治疗过程中最美妙的时刻来临了：一颗种子，在一片土壤中萌芽，无数的机缘在等着它，它可能遇到了十年一遇的暴风雨，打折了它的某段枝叶；它可能遇到了百年不遇的旱灾，致使它不得不拼命向下扎它的根；它还可能碰到了石头，以致它改变原来的生长轨迹，它往右长，是石头，往左长，还是石头，往上长，石头之外还是石头，它已经把自己拧了无数个弯，可就在它自己都要绝望之时，突然之间破石而出，呈现在人们眼前那怒放的花朵，可能还带有些羞涩，还带有些犹疑，却无比美丽，无比动人。

曾有很多来访者在治愈之后都非常感谢我，其实是我感谢他们才对，他们让我可以看到破石而出的美丽瞬间，可以在短短几十分钟内看到一个人破茧成蝶的蜕变，这其中蕴含的美好和感动，正是我取之不尽、用之不竭的爱的源泉。

"她现在在干什么？"

"上班了。"

"她开始谈恋爱了，是吗？"

"是。"

"还记得那个人吗？"

"他就是我丈夫。"

"你爱他吗？"

"爱，很爱！"绽放的鲜花大胆地吐露着芬芳。

"你还记得跟他曾经说过的话吗？"

"记得，他说爱我。"鲜花害羞地低下了头。

"还记得当初你们怎么在一起的吗？"

"记得……"

"幸福吗？"

"幸福，可是……那太短了。"乌云飘了过来，鲜花似乎收起了它艳丽的颜色，不过我知道它已经有足够的力量去等待拨云见日的那一天，也许那天到来的时候它不再是鲜花，而是结出了沉甸甸的果实。

"去找到他，找到你们曾经在一起的日子。"我的手又移到她的胸椎位置，力度稍强地按摩着。"后来你们进入了婚姻，发生了很多事情……"胸椎10节以上反映了我们22岁之后的情绪，我们在人生进入工作、婚姻生活之后的经历与情绪储存在这个部位，这是我们有意识的情绪区域。在处理李萍与丈夫的关系时，需要释放的正是这里积蓄的情绪，只有充分的释放，我们才能以赤子之心，回到那单纯又美好的关系中。

李萍又开始哭泣。

"现在给你一个机会，跟你的丈夫说一句你最想跟他说的话，大声喊出来！"

沉默，又是沉默，但这沉默的颜色越来越明亮了。

"我很爱你！"沉默之后的爆发来得如此有力。

"你可以为了你的丈夫把眼泪流出来。"

哭泣，撕心裂肺地哭泣，我在心里不断为她喊着"加油，加油！"

"告诉你的丈夫，我现在有勇气跟你说出心里的话。"

回应我的，还是哭泣。

"你可以讲了，讲出来。"我把手放在她的头上。很多学员都告诉我，当我这么做的时候，他们感到无比的温暖。在人颅骨最高的地方，是我们的百汇穴，中医认为这里是周身经络阳气的汇聚之处，故名百汇。当人需要能量支持的时候，把手放在这个地方，就可以像春天的太阳那样帮助对方温煦身心，安定情绪。

"我太累了。帮帮我吧！"

"来，今天为了你自己大声地哭出来吧。"

哭声排山倒海。

"你长这么大，从来没为自己活过。"我努力让我的声音在哭声中凸显出来，我需要告诉她，她哭声的背后是什么。

"是的，我从来没为自己活过。都是为了这个家。"她边哭边喊。

"这所有的一切，你已经撑不住了，是吗？"

"是的，我撑不住了，撑不住了！"这是从丹田爆发出来的声音，是内心最深处的呐喊。

"今天把委屈都倒出来，为了自己。我们今天都是为自己，哭出来。"

哭声是她现在唯一的回应。

"今天要为你自己做一件事情，告诉大家，'这么多年我一直很委屈。'"

场下的很多学员也开始失声痛哭。我们有多久没有这样哭过了，还记得吗？我们以为成年人就是泪不轻弹，可是那些本该流出的泪水，就变成了毒素，毒害着我们的身体。我抓住一切机会做个案，在沙龙上、在工作坊，在专业培训班上，就是希望可以给更多的人痛哭的机会。

"哭出来吧，痛痛快快地哭出来。你一直都没这么痛快地哭过！发出声音来！"我继续引导着，看似是对李萍一个人，其实是对所有的人说。

"继续，很好，大声点！"

"喊出来！"

我知道最后的时刻来到了，我双手都按在李萍的尾椎上，而助教则继续把手放在她头上。这时候的情绪冲击往往非常强烈，所以需要由助教来帮助李萍安定心神，我则来帮助她释放压抑最深的情绪。别人的能量给予的支撑和安抚在最后的时刻必不可少。

"我要为自己活着。"

"用最大的声音，喊一声：啊！"

"啊！"

"很好，再喊一声。"

"啊！"

"继续。"

"啊，啊，啊——"

我配合着她的呼吸做按压，帮助她把体内最深处的能量激发出来。很多时候，哭泣和叫喊是最好的发泄方法！尤其在我的治疗中，随着个案的叫喊和哭泣，她心灵深处多年压抑的委屈情绪得到了释放，身体上聚结、阻塞的能量也得到了疏通。中国女性在一生当中往往负担很多，要同时扮演好很多个角色，妻子、母亲、女儿，等等，也由此失去了自我舒展和自我察觉的空间。对那些被情绪严重堵塞的心灵来说，释放这些压抑就显得尤为重要。但我们释放不良情绪的目的，不单是过一把瘾，而是为了重建生命中的重要关系，正所谓"不破不立"。

"你今天终于为自己做了件事情，是吗？"我等她平复一点儿的时候问她。

"我今天终于为自己做了件事情。是为了自己。"

"面对老公，现在想对他说什么？"

"我相信你。"

好，非常好，她现在已经跨入了那个全新的世界，我还需要最后送她一程："对他说：我尊重你，你让我坚强，我现在允许我自己回到我的位置。我把权力交给你，我把责任也交给你。"

李萍深深吸了一口气，重复着我的话，我可以感觉到她的坚定了。

"我要爱我自己。"我引导她。

"我要爱我自己，我要爱我自己，我要爱我自己！"这里她的语气比我还强，我知道我能做的已经全部做完了，接下来她一定会以她自己的方式走过她精彩的人生。

"你希望老公做什么？告诉他。"

"希望你担起家里的担子。"

"你相信他能担起家里的担子吗？"

"我相信！"

"对老公说：'从现在起我就相信你。'"

"从现在起我就相信你，你能行！"这是她自己的表达，我真的可以放手了。

"你看着他，看他现在是什么表情？"

"在微笑吧。"

"面对着自己，告诉自己，我要做水一样的女人。"这是在做结束的工作了。我希望每一个人都能如水，在中国传统文化里，水是一个极具包容性的意象，老子说"上善若水，水利万物而不争，处众人之所恶，故几于道。居善地，心善渊，与善仁，言善信，政善治，事善能，动善时。夫唯不争，故无尤。"我也一直希望以水的智慧来应对一切。

"做水一样的我。"有些语无伦次，但打动人心。

"你还想对自己说什么？"

"爱我自己。"

太棒了。我现在只想让她能真实地拥抱自己。"找一个人出来,代表你自己。"

李萍虽然还泪眼婆娑,但找出的学员却是跟她体形极其相似的。我让那个学员站在离她三米左右的距离,然后对李萍说:"去做一件事情,闭上眼睛,去找到自己,走过去,抱抱自己。"

李萍低头整理了一下衣服,又抹了抹脸,才开始往前走。我喜欢这种表示郑重的仪式,如果一个人对自己都不尊重,怎么能对别人表示尊重呢。对于和平型来说,学会爱自己是非常重要的!只有当他们真正懂得爱自己的时候,他们才能获得新生,才能真正有能力去爱别人。

当她们两人抱在一起的时候,我的眼泪也在心里默默流下。

◆向心胖——和平型的外在表现

生活中,像李萍这样的人比比皆是,他们通常肝脾区隆起,仿佛背着一口大锅,他们的腰腹部往往囤积着一大圈肉,但臀部相对他们的肚子却显得有点小,两条腿更是仿佛撑不起沉重的上半身。

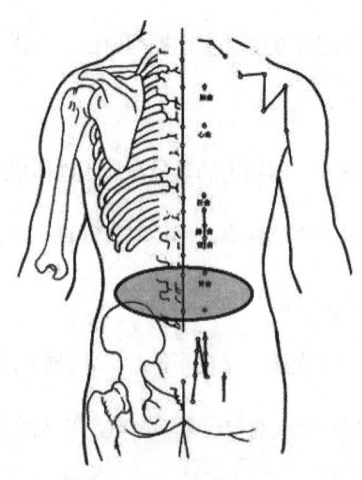

和平型每天都不停地忙碌着，每天都有做不完的活、照顾不完的人。而且，他的嘴也和手一样，几乎一刻都停不下来。在干活的同时，他不停地数落着、不厌其烦地唠叨着，好像所有的人都不干活，所有人都等着他来照顾。在与人交往中，只要谁有困难，和平型总会第一个跑过去："我来我来。"他的助人是无意识的，不计报酬的。他常说的话就是："只要你们好就行了，我不重要""我就是为你们活着的"。他有一个"美德"，就是一辈子为别人活着，忽略自己。

和平型有一种明显的生活习惯，就是不喜欢浪费。由于他们大都有一段生活困难的经历、有一位勤俭持家的妈妈，所以他们的生活是非常俭朴的。他们最怕浪费，特别是浪费粮食，只要剩下的饭菜他们都会全部吃掉，他们的口头禅就是"不要糟蹋粮食"，久而久之他们就会吃很多多余的剩饭剩菜，这种习惯极其影响他们的健康。

和平型在治愈刚开始的时候，通常很难与自己的内心感受建立联结。因为生活中他对自己就是这样"没感受""没感觉"的。长期的被忽略和自我忽略，让他忘记了自己。过度的忽略自己和过多的付出，使他积压了很多委屈和愤怒。压抑的情绪是他们肝脾区隆起的主要原因。同时，委屈也会使他内分泌失调，于是形成了"向心胖"。另外，其实这其中有一种控制与反控制的长期过程存在，所以很多愤怒被积压在体内，而愤怒会使他们的血压增高。所以，这类人常见的疾病有：内分泌失调、糖尿病、代谢紊乱、高血压等。

◆我不重要——和平型的内心世界

像李萍这样的孩子，因为家里孩子多常被忽略。而她为了得到爸爸妈妈的关注，就只有替妈妈做事情，帮助家里干家务。于是，和平型过早地承担起成年人的工作。他们一般没有童年的游戏，没有童年的欢乐，没有童年一起玩耍的小伙伴。当他们回忆童年时，要么想不起来，要么就是想到在干活。这样的经历，使他们慢慢养成了一个习惯，就是帮助别人。助人是他们的一种不自觉的行为模式，并且是"不图回报"的。

但人真的可以做到不图回报吗？显然这是不可能的。和平型有一个要求，就是你要听我的。他们的最大的特征，就是我对你好的同时，也要替你管理你的人生。控制使他们觉得自己是爱对方的，而爱也成了他们控制对方的理由：因为我爱你，所以才为你做这么多，不管你要还是不要。这是一种软性的控制，使用付出和关心控制对方的人生。

这种控制也与他们自己成长经历有关。他们的童年，在被忽略的同时，也被控制。很多父母都希望孩子听话，为了让孩子听话，父母最常用的方式就是控制孩子的言行，甚至控制孩子的思想和情绪。于是，长期处于被控制下的孩子，久而久之就会把父母的控制当成一种爱的方式，同时他们也学会了用这样的方式去爱别人，包括自己的孩子。

他们还有另外一个要求，就是希望他们帮助的人心里能觉得自己是最重要的。这是一种潜意识中的交换——我帮助你是因为在我心里你比我重要，所以在你心里我也应该是最重要的。只有别人认为他们重要时，他们才能找到存在的价值。如果被他助的人，不能够按照他们想要的方式对他，不能说出他们最想听到的那句话，和平型的人就会觉得自己得不到理解和认可，就会觉得委屈。他们最需要的是别人接受他们的过度付出和越俎代庖的控制，能够听他们的话，同时时时刻刻觉得他们才是最重要的。但这种希望在现实生活中总是会落空，所以他们常有的情绪就是委屈、无奈和愤怒。因为委屈，他们嘴里永远喋喋不休地唠叨着。而他们的唠叨会更加不被理解，这样的人，永远被困在委屈的情绪中无法走出来。

在和平型心里，有一个孩子，一个被遗忘了很久的孩子，久到他们自己可能都感觉不到他的存在了。但是他们身上每一点症状都在提示他们这个孩子的存在。这个孩子满腹委屈却不敢说出来，因为他们怕说出来后失去家人的爱。这个孩子最大的期待就是被肯定和被接纳。在超额付出时，他们只希望听到家人和朋友的肯定，同时可以接纳他们的委屈和唠叨，让他们感受到自己是被关注的，是值得被爱的。别人甚至觉得他们都喜欢听"甜言蜜语"："你是重要的，我是爱你的。"这样的话语会让他们的心情莫名地好转。

和平型最需要的是看到自己的存在价值，感受到亲情的无条件接纳和人们对他们过往的一切的感激。他们想听到这样的声音：我爱你，并不是因为你为我做了什么，而是因为你是我的亲人、我的朋友，所以我爱你。同时，他们也必须明白：每个人都有自己的人生，都有照顾自己的能力，并且都有权利管理自己的人生、为自己负责。放开别人是一种最好的爱和尊重。

◆自我调节——如果你是和平型

深度觉察：委屈何处诉

和平型如果想要过得更快乐、健康一些，就需要在日常生活中加强对自己内在感受的觉察，尤其是自己的委屈。

在生活中，如果你觉得很委屈，可以找个适合的方式把这种委屈表达出来，比如找个朋友或亲人。当然你也可能觉得身边没有合适的人，这时候你可以尝试把自己的心情记录下来，写的时候告诉自己不必有任何的顾忌，只需要真实地表达，所有的语言都被允许，尽可能多地、尽可能夸张地表达。写完之后，和自己的情绪待一会儿，体会这些情绪在身体里引起的感觉。

等到情绪的高峰过去之后,回头再看看自己的记录,尝试重新评价所发生的事情。这里的重点是:不要批评自己的情绪,允许它以任何形式存在。这样它才会像潮水一样退去。

行为实验:不再当剩菜处理器

和平型大多都保持着过于节俭的生活习惯,比如认为剩菜必须吃完,不能浪费。我们不否认节俭是美德,但过犹不及,过度节俭就变成对别人的吝啬和对自己的残忍了。比如在已经吃饱的情况下,再塞下最后一口剩菜,会造成肠胃负担过重,而同时咽下去的那种说不清道不明的委屈情绪日积月累更可能造成身体的内分泌失调。

从今天起尝试,不再担当剩菜处理器。从这一个小小的生活细节开始,关注自己的身体感受。这是一个有趣的实验,一开始你可能会觉得难受,会因为浪费了食物而觉得内疚。应对这个内疚的方式不是把饭桌上大家都吃不下的那一口吃下去,而是下一顿少做一点儿。就像你对别人付出的爱一样,如果你发现对方已经"吃不下",那么就减少一点儿,而不是埋怨对方为什么不能照单全收。其实只要稍稍转换一下思维方式,大家都会轻松很多,你也不会因为付出过多而太累了。改变就从这个小小的实验开始吧。

身体练习

和平型最典型的情绪是委屈,而委屈通常会伤害脾经和胃经。传统中医认为，胃主受纳，脾主运化，也就是说脾胃的主要作用就是消化食物，吸收营养，并把营养送到全身。而在和平型人的身体里，大量的委屈情绪堵塞了脾经与胃经的能量通道，导致消化不良、运化不利，他们腹部的赘肉就是这样形成的。当腹部的赘肉越来越多，渐渐地会阻断上下的通路，使得四肢的供养不足，长此以往身体会越来越胖，腿却越来越瘦。

足三里是胃经上的重要穴位，经常按摩足三里，对于调理脾胃、增加机体免疫力有着很明显的作用。足三里位于外膝眼下3寸、距胫骨前嵴1横指、胫骨前肌上。取穴时，由外膝眼向下量4横指，在腓骨与胫骨之间，由胫骨旁量1横指，该处即是。每天用大拇指或中指按压足三里穴5～10分钟，速度以每分钟按压15～20次为宜，注意每次按压要使足三里穴有针刺一样的酸胀、发热的感觉。坚持2～3个月，会使胃肠功能得到改善，使人精神焕发，精力充沛。

在身体运动方面，最适合和平型的运动是"蹲起运动"，可以有效消耗腰腹部的脂肪，并且调节内分泌。具体做法如下：每天早晨做蹲起运动，双臂向前伸直，做的时候时要配合呼吸，蹲时呼气，起时吸气，蹲时膝盖向前的程度尽量不要超过脚尖。至于蹲起的数量，没有特殊要求，量力而行就好，但尽量不要少于20个，建议根据锻炼的程度逐步递增。

静心冥想

现在请你给自己一个时间，一个机会，和自己安静地待一会儿。深呼吸，慢慢地吸气，轻轻地呼气，随着呼吸让自己的思绪放松下来。在很长的一段时间里，你的眼睛总是看着别人，现在请你收回望向别人的眼神，把所有的注意力都集中在自己的呼吸上，感觉着自己胸口的起伏，仿佛回到那个躺在妈妈怀中的孩子状态，看看自己，让自己的思绪放松，我们今天可以回到你很小的时候。深深地呼吸，现在只关注自己。这么多年，你关注了很多人，这么多年，你一直关注所有的人。你还记得自己小时候吗？你还记得那个向妈妈要爱的孩子吗？那个高举着双手、期待妈妈抱抱的孩子，那个一直没等到关注的小小的孩子。

让我们去找回原来的自己，给自己一个机会。

深深地呼吸，抱抱自己，关注你的呼吸，关注你胸腔的起伏，关注由呼吸而来的情绪。放开对自己的控制，此时此刻，如果你想哭，就让眼泪尽情地流出来。

对自己说："我爱你，从今天开始我允许你为自己活着，我开始关心你，把你放在最重要的位置。"

闭上眼睛和自己待一会儿，把自己抱在怀里，随着呼吸对他说："我来陪着你。"陪着自己重新长大，一直长到现在，去经历所有的事情。随着他的成长，你告诉他："你很重要，你是最重要的，我要为你活着，为你负责。我把别人的命运交还给别人，他们有自己的人生，我们有我们的人生。我爱你！"

第五章

恐惧型：我有病吗

对于恐惧型来说，身体健康是第一位的。他们很注意身体状况，可好像总有这样或那样的不舒服，到医院去检查，又很难查出病来。他们的内心总是充满了对于生命的担忧和恐惧。他们或是做事犹犹豫豫，生怕行差踏错，或是莽撞冲动，虎头蛇尾。他们害怕孤独，却又很难相信任何人。莫名的紧张和恐惧缠绕着他们，他们所做的一切都是为了证明自己是安全的，都是为了保护自己不受伤害。

◆不写板书的老师

◆死亡阴影下的心理咨询师

◆骶骨透露的秘密——恐惧型的外在表现

◆莫名的恐惧——恐惧型的内心世界

◆自我调解——假如你是恐惧型

◆ 不写板书的老师

安全需要是我们最初级的生存需要，恐惧是我们与生俱来的基本情绪之一。在我看来，最基本的恐惧有两种：一种是对于生死的恐惧，也就是担心自己会死去的恐惧；另一种是生存恐惧，指的是担心自己生存的条件，比如温饱。这两种恐惧都是与生俱来的，当它们在一定范围内存在的时候，会适时提醒我们危险的存在。也可以说，没有恐惧的存在就没有生命的安全。但当这两种恐惧超过了一定限度，成为生活的主旋律，则会给日常生活带来沉重的负担。一般说来，有着强烈生死恐惧的人在 0～3 岁时经历过危及生命的事件而未被处理，或是父母的照顾疏忽到了可能危及其生命的程度。

在老家当医生的时候，我遇到过这样一个人，我第一次看到他时，他给我的感觉就是紧张、不安、急躁，而且身材非常消瘦。他见到我的第一句话就是问我："小肖，你说我还活得长吗？"他说："我全身都是病，头痛，腿痛，肠胃不好，心脏不好⋯⋯"接着从口袋里掏出一个小本子来，上面密密麻麻地记录着他身体每天的细致反映。比如他的头一天痛过两次，每次一分钟；腿疼了一次，持续三分钟；心脏在三点钟加快跳动了二十次；胃也有点痛。可是医院的诊断报告一切正常⋯⋯他每天把所有的精力放在身体的疾病上。医生说他没有病，他就说医生骗他。他每天都花大量的精力去恐惧死亡将至。当时我还没有接触心理学，只是作为一个传统的中医和他共同关注他的身体状况。但是我无论怎么给他做身体处理都无法解除他的痛苦。现在我明白了，他的痛苦不是在身体上，而是在生死恐惧上。他的恐惧不解除，身体症状就永远存在。他恐惧的原因，很可能来自于0～3岁的某些事件。生活往往就是这样，有时我们看上去很简单的一件事，却有可能触发心底的无力感，让恐惧从此占据我们的身心。

王老师从教二十余年，在一次省级公开课上，他在板书里写错了字，自己却没意识到，当他从学生的哄笑中幡然省悟时，一堂完美的公开课已经泡了汤。从那以后，他就再也没法在黑板上写字了。身为一个老师却没法在上课时写板书，他所受的压力与置疑可想而知。他的女儿把他带到了我的课堂上，希望我能帮助她父亲重新拿起笔来。当王老师躺在按摩床上时，我看到他骶骨板结、凹凸不平，这种体态的人，很可能在0～3岁时有过严重的疾病或创伤性事件。而且他们幼年时期与父母的关系疏离，也因此缺乏面对自己的力量。当一个人具有这种形体特征时，会缺乏行动力与生命力去面对生活中的种种困难与挑战——幼儿与父母联结的质量决定了他与自己的关系。

"你最怕的是你自己吧。"在他躺下后，我平静地问他。对于一般人来说，0～3岁在意识层面都没有记忆，我希望找一个迂回的途径唤醒他的潜意识。他没有回答，这在我的意料之中，一个年近六十的男性，通常很难一下子承认自己的弱点。而他的职业又是老师，对与错两厢对立的思维方式大概已经深入他的灵魂之中。于是我问他："今天我们俩一起做一件事情好吗？你愿意吗？"

"好的。"王老师很淡定地回答。

"我们来做这件事，你想象自己正面对一个人，那个人就是你自己，去面对他。你看着他。看到了吗？你看着他时，身体是什么样的感觉？"我一边轻轻按着他的腰椎，一边不断引导他，"现在有一个人，那个人就是你自己，就站在你的面前，你看着他。你想对他说什么？你可以讲出来。你愿意讲吗？告诉我你现在的感觉……很害怕，是吗？回答我。"

"没有感觉。"毫无情绪的回答。

"你看到那个人了吗？"

"没有。"

我知道这是个艰难的开始，一个与自己隔离了几乎一生的人，要他瞬间看到那个真实的自己确实很有难度。于是我换了一个方式问他："你看过自己吗？他是个什么样的人？你评价下自己。"

这种情形很像老师给学生写评语，应该是他很熟悉的思维方式。果然，他只稍稍停顿了一下就回答："应该是个老实人吧。"

"嗯，老实人。那你喜欢他吗？你欣赏他吗？你可以对着他讲出你喜欢的和不喜欢的地方。"我继续用这种黑白分明的思维方式接近他。

"我不喜欢他总是自责。"他沉吟着说。

我知道他今天来之前，就已经下了很大的决心，做了充足的思想准备，所以很快就开始了自我袒露，我抓住了这点追问下去："不喜欢他的自责？那我们做一件事情，可以吗？把对他的不满讲出来，讲吧。大声地讲出来，好吗？我们在等你，好多人在等你。"

"你完全能办到的事情，为什么不去办呢。"声音里开始有了情绪的暗涌。

"讲具体一点。"这个"事情"，很有可能就是指写板书。于是我加大了按摩的力度，推动他朝着解决问题的方向走。

"你完全能办到的事情，为什么办起来就那么困难呢。"声音明显放大了。

"再说一遍！"

"你完全能办到的事情，为什么办起来就那么困难呢。"

"大声，继续。"

"你完全能办到的事情，为什么办起来就那么困难呢。"

"继续，用最大的声音把它讲出来。"

"你应该能办到的事情，为什么办起来就那么困难呢。你应该能办到的事情，为什么办起来就那么困难呢。"

"不要停下来，继续。"

"你应该能办到的事情，为什么办起来就那么困难呢。你应该能办到的事情，为什么办起来就那么困难呢。你应该能办到的事情，为什么办起来就那么困难呢。"

"我很生气你这样，讲出来。讲出来对他的抱怨，用自己的语言讲出来，把对自己的自责讲出来。"我想逼出一些他自己的东西来。

"你为了这个家，你必须勇敢地去面对，你不应该那么缩首缩尾的。"新的内容出现了。

"讲出来。"

"你不应该那样。"

"你生他的气吗？"

"有时我很恨他。"这个恨，可以理解为"恨铁不成钢"吧。

"用你最狠的话讲出来。把你窝在心里那么多年的话讲出来。"

"像你这个样子，不如死了好了。"这句话从一个老师的嘴里出来，算是最狠毒的话了吧。

"很好，讲出来。"

"像你这个样子，不如死了好了，太不负责任。"

"大声地讲吧，尽管把你心里的话都讲出来。"

"为了这个家，你应该堂堂正正的，你应该大胆地去做你想好的事情。为什么这就像一道坎，过不去。为什么就那么难呢？你看看别人。"

"你看着这个人，你指责的这个人，他是你自己。"

"太没出息了。"愤怒之后的眼泪出来了，他开始了哭泣。

这个哭泣意味着他的自我防御已经减弱，他已经允许自己哭出来，他向真正的自我、向他自己内心的感受走近了大大的一步，我需要帮他明确他此时内心的感受："他委屈吗？"

"他肯定是没办法。"这里面有对自己的深深同情。

"你看着他，他肯定能有办法。"陷在"没有办法"的困境里的人，多半都是陷在自己的习惯性思维里无法自拔，如果他能换一个角度，就能"有办法"。

"是吗？"

"你看着他，从小的时候一直到现在。你看一下他的整个人生经历。他有一部分，藏在内心的一部分，没有被找到。那是一个孩子，是吗？"

"是的。"

"那个孩子有多大？"

回答我的只有哭声，于是我再次提问："你觉得那个脆弱的孩子有多大？"

"也就是七八岁的样子。"

"你去看看他可以吗？你去穿越一下，去看看那个孩子，可以吗？"

"可以。"

"他长得什么样？"

"长得很可爱。"

"他长得很可爱？"

"对。"

"他也很聪明？"

"对。"

"也很能干？"

"是的。"

"他很勇敢,是吗?"

"是的。"

"你喜欢他吗?"

"喜欢。"

每个孩子都是落入世间的精灵,他们生来就聪明、可爱、能干、勇敢,如果他们后来变得不是这样了,我们要问的是,他的生命中发生了什么?就像我问王老师:"你能不能跟他去接触一下?那个勇敢的孩子。你好多年没去看看他了。你看他的时候,发生了什么?会很害怕吗?你还记得吗?"

"就是老实一点,腼腆。"

"现在这个孩子需要你帮助他,你怎么去帮助他?你可以帮助他,他需要你。我们俩一起去帮助他,可以吗?"

"可以。"

"我们走过去对他说一句话:'孩子你可以犯错误。'"

"孩子你可以犯错误。"

"你可以去做你想做的事情。"

"你可以去做你想做的事情。"

"你问问他,他想做什么?他想做什么?" 我稍稍停顿了一下,给他一点儿跟自己交流的时间,但是没有等来回答,于是我又追问:"你再问问他,他怕什么?他回答你了吗?"

"没有。"

是的,一个一生都在做"应该做"的事情的人,忽然之间被允许去做自己想做的事情,在第一时间往往会陷入迷茫,因为他跟自己内心那个"想"已经隔离得太久了。于是我按我的经验给他一个提示:"我们现在做一件危险的事情,可以吗?你认为什么最危险然而又好玩?那时候,曾经你童年的时候最好玩的一件事情是什么?还记得吗?你带他去游泳可以吗?"

"我不敢下水。"

"我带着你下水。你没有下过水吗?"

"是的。"果然如此。通常小孩子特别是男孩子会被家长警告不许自己下水,所以下水往往会带着某种冲破束缚的意味。

"妈妈不允许他下水,是吗?你想象前面一条河,清澈的河水,浅浅的河床,平坦的河床,有清澈的河水,我们伴着这个孩子,去那里可以游泳,我们一起带他去游泳,他从来没有做过。可以吗?"

"可以吧。"他有些犹疑地回答。

"我们领着他走向河岸,他可以光着脚,踩着嫩嫩的水草,清凉的河水刚刚漫过他的脚背,你可以带他去游泳。看到河水了吗?"

"看到了。"这时河水的音效渐渐响起。其实水的声音很多时候可以给人安宁的感觉,像回到了妈妈温暖的子宫。

"听到水声了吗?"

"听到了。"

"可以往下走。往下走，不要怕，你可以去游泳的。"

"我可以去游泳。"

"河里有好多小朋友，他们光着屁股在水里游泳，你看到了吗？"

"看到了。"

"他们没穿衣服，你能走到他们跟前吗？带着这个孩子，和他一起去交朋友，和那些小朋友去戏水。水在慢慢流动。可以到你肚脐那么深，到胸口那么深，很清凉，水里有鱼，有青蛙。带他去游泳，让自己放松下来。河水很清凉，可以淹没你的身体。阳光在头顶暖暖地照着，你拉着孩子的手，跟他在一起，我们一起带着他，我们一起帮他。你可以跟他讲讲话。他开心吗？我们两个共同拉着他的手，好吗？"对于想象力已经濒于枯竭的成年人，我往往要用很详细的描述才能激起他们心中最原始的感觉。

"好的。"

"他在害怕吗？你问问他，想去哪里？他想回家吗？"

"想回家。"

"我们带他一起回家可以吗？"

"可以。"

"他想去见谁？见到妈妈了吗？"

"妈妈……"他一开始有些犹疑。

"是的，妈妈！"我肯定地说。

"妈妈，妈妈！"他忽然大哭起来，好像受了委屈的孩子，终于见到了可以倾诉的人。虽然没有太多的话语，但仅仅"妈妈"这两个字就会带给他无穷的力量。我事后才了解到，由于王老师的母亲本身有精神疾病，所以小时候很少照顾他，而且还曾经给他带来过严重的创伤。不过这一切都不重要，此时此刻，那些因此而起的恐惧和委屈化作了眼泪，倾泻而出。

"妈妈喜欢他吗？"

"喜欢。"他边哭边说。很好，重新与妈妈产生联结，带给了他力量。

"爸爸呢？"

"爸爸不是很喜欢他。"男孩子与父亲的关系往往会比较微妙，并不是父亲真的不喜欢儿子，而是因为两个不善表达的同性之间确实更容易产生误会。

"你告诉这个男孩，我们陪着你。"

"我们陪着你，不要害怕。"

"我们陪着你一起长大。"

"我们陪着你一起长大。"

"带他去经历所有的事情。"

"带你去经历所有的事情。"

"现在他多大？"

"还没长大呢。"

"他有多大？他上学了吗？"

"上学了。"

很好，契机来了，我马上追问道："他会写字吗？"

"会写字了。"

"告诉他'写个字我看看。'"

"你写字我看看。"王老师机械地重复了一遍我的话，我知道现在只剩下最后一层纸，一定要确保这层纸真的被捅破了，于是我再次确认："他写了吗？告诉他'我陪着你，我们两个人在陪着你。可以写出来。'"

"你可以写出来。"他的情绪略微有些激动了。

"你可以写得很难看。"

"你也可以写得很好看。"

"你更可以写得很棒。"

"你真的写得很棒。"

我带着他一步步靠近他的那个深渊，我拉着他的手，试图告诉他，那个看上去的万丈悬崖只不过是一个心理感觉而已。最后的时刻就要到来，我停了下来，我要给他足够的时间去面对这么多年以来的恐惧。大概过了一分多钟，这一分钟漫长得像一个世纪，我想王老师大概也是这种感觉，我听到他的呼吸从急促转为平稳，于是问他："写出来了吗？"

"写出来了。"太好了！我把王老师从按摩床上扶起来，牵着他的手走到白板前，把白板笔放在他的手上，微笑着对他说"写一个'我很棒'吧。"

王老师转动着手中的白板笔，忽然间很用力地在白板上写下了"我很棒"三个字，写完以后，他自己还有些不可置信地看着手中的笔，又看看白板上的字，似乎不敢相信困扰自己多年的"板书恐惧症"就这么解决了。他女儿在一旁早已哭成泪人，我把她拉起来，送到父亲的怀里，轻轻地对他说："你是一个好爸爸，抱抱你的女儿吧。"此时所有的语言都没有必要了，全场学员的泪水和掌声在《感恩的心》的音乐中融汇在一起，我听到的是爱的共鸣。

◆死亡阴影下的心理咨询师

像王老师这种情况，属于比较极端的"一朝被蛇咬，十年怕井绳"的例子。如果我们对某种东西或场景的害怕引起了很强烈的身体反应，比如心动过速、血压上升、手脚抽搐、恶心、尿急等，而且已经严重干扰了我们的日常生活，是需要到正规的医院进行系统治疗的。不过在日常生活中，更多的人被深埋在心里的恐惧不着痕迹地影响着，它影响我们创造力和意志力的发挥，使我们的工作和生活好像被一个无形的玻璃顶压住，无法将自己的能力发挥到极致。

于舟是我的老学员，已经是从业五年的咨询师了，但有一次当我问到她目前的工作时，她说她觉得咨询师是个需要不断学习、不断提高的职业，所以现在以进修学习为主。话是没错，只是我觉得她眼睛里似乎有些躲闪。她的情绪爆发就在我们那次聊天后不久。

那是在上海的一期中级班的课上，我刚刚处理了一位有明显抑郁倾向的学员，在那个过程中于舟就不断发抖，而且发出很重的喘息，以致我不能不注意到她。但当时已经是当天课程要结束的时候了,我把手放在她头上,轻轻地拍了拍她,她的情绪稍稍平复了一些,我跟她讲第二天会处理她的问题。可当我吃完饭回到房间的时候,却发现她蹲在我房间门口,浑身颤抖。听到我的脚步声,她抬起泪眼,强作镇定地说"肖老师,我等不到明天了……"话刚说完,整个人就坐在了地上。于是我马上让助教把她扶进房间,让她在治疗台上趴下,我轻轻地按摩她的腰部,如我所料那里是板结的。从她的身体反应里,我明显感觉到一种巨大的恐惧抓住了她。腰部骶骨处的板结代表着恐惧情绪,而于舟这两天的恐惧强烈发作说明有一个具体事件让她难以承受,所以我处理的时候就需要先从看清这个事件入手,找到产生恐惧的源头。

"你看着那个场景。"我边揉边轻声说。在治疗之前我没来得及问于舟具体情况,但于舟的身体反应容不得我慢慢摸索,所以我选择直接切入令她恐惧的场景中。

不出所料,于舟大口喘着粗气,断断续续地说"特别黑,我走不出来,我走不出来,我怎么会在这里……"

"那里有什么?"我追问道。

"我走不出来,太远太远了。"她颤抖着回答。

"我在你的背后。" 我很肯定她回到了一个令她很恐惧的场景中,我希望她还能感觉到我的存在。

"太远,走不出来。她,她,她太远了……"

"她一直在那里等着你，喊出来。"这个"她"是什么，我需要再一次确定。

"我找你好久了，可你死了啊。"这时助教已经准备好音乐，略带恐怖的音效激发了她的情绪，她大哭了起来。

"她等着你吗？"看起来"她"是一位离去的亲人。

"找不着你，找不着你，我救不了你啊……"于舟似乎听不见我说话，自顾自地哭喊着。

如果让她继续陷在这个情绪中，我担心她很快会崩溃，她干瘪的臀部告诉我她并没有足够的能量去应付这个内疚情绪的爆发。这大概也是她一直回避这件事的原因：如果我们的身体无法承受，就会自动采用隔离的方式来处理，这就是身体的智慧。于是我大声地说："我终于看到你了。"声音之大已经压过了于舟的哭声。

"我只是看到你了，可是我救不了你啊。"很明显她听到了我的话。

"你喊她回来，用你所有力量喊出来！"我大声而急促地说。我们往往会因为对死亡的禁忌，而把对逝去亲人的思念压在心底，我首先要处理的就是这种被压抑了的思念。

"你回来啊。"声音很飘忽，没有力量。

"喊，大声喊……"我不断鼓励她。

"啊——啊——"

"再大声！"

"啊——站起来！"在于舟无意义的哭喊中忽然有了明确的指向。

"喊！站起来！"我抓住她这个指向明确地发出指令。

"站起来！你站起来……走过来，走过来……不要怕，不要怕。"喊声到后来几乎变成了呜咽。

"我们一起去拉她！"我在用坚定的语气传递我的力量。

"走过来，走过来，不要怕，不要怕，过来啊，火烧不着你，你过来，你过来，你快过来……他拉不住你，他拉不住你，他是假的，他是假的。到我这儿来，到我这儿来……"于舟的思维有些混乱了。

"过来，我拉你一把！"在于舟的混乱中，我紧紧抓住一条主线不放。

"我帮你，我帮你，过来，到我这来……我抱着你了……无论你多丑陋，我都不嫌弃你。"

我感觉到于舟稍稍平息一些了，看来在她的意象中她已经抓住了那位逝去的亲人，于是我发出了下一步的指令："我们离开这里。"

"我们离开这里。"此时的于舟似乎已经丧失了自主意识，完全不知道该怎么办，只是机械地跟随着我的引导。

"我来陪着你。"

"我来陪着你。"

"往上走，前面有台阶。"

"往上走，一个，两个，三个……八个，九个，十个……"

"前方是光亮。"我稍作停顿，继续说，"第一缕阳光照射进来，暖暖的，我们继续走……后面坍塌了，过去坍塌了。"这是带领个案走出死亡恐惧的常用意象。死亡似乎在所有的文化中都是禁忌，这个禁忌通常在我们头脑中的意象就是黑暗的、深不见底的深渊。要对抗死亡恐惧最好的办法就是让个案看到光明，看到向上的力量。

这时音乐换成了伴着自然鸟叫虫鸣的舒缓音乐，我继续问："当她遇见阳光的时候是什么样的？"于舟的呼吸平静了许多，我不失时机地加了一句，"你跟她说，我带你去晒晒太阳。"

"我带你去晒晒阳光。"说完这句话，稍稍停了一会儿，她自己又说，"我给你吃奶酪。"

"嗯，我给你吃奶酪。"现在换成我重复于舟的话，所不同的是，她的口气有些试探和犹疑，而我则是肯定的，我知道这样的肯定会带给她力量，我用这样的方式告诉她：你做得对，继续下去。

"我给你吃最好的蜂蜜。"于舟似乎沉浸在与亲人的往日回忆中了。

"好，我给你吃最好的蜂蜜，你开心吗？"我一边重复她的话，一边提出了问题。

"你开心……你开心吗？"于舟听到问题后，愣了一下，然后很郑重地感觉了一下，给出了答案："你很开心。"

"来，翻过身来。"她翻过身，我可以看到她的腹部有明显的隆起，这说明她积压了很多的东西，我一边轻轻按揉她的腹部，一边问她："你愿意说说吗？"中医情志学认为，腹部有明显可见隆起，属于气郁，成因在情绪的郁结不舒，比如女性常见的子宫肌瘤，大多都伴有长期的抑郁情绪。当我揉动于舟腹部的包块，再加以引导和接纳，就可以帮助她疏泄这里的不良情绪，卸下一部分防御。

"嗯，"于舟缓缓地吐了口气，眼睛空洞地看向天花板，"她是我的三姐。"只说了这一句，她就停了下来。

我知道这个时刻对她来说很关键，从她刚才的情绪反应，我猜想三姐的死跟她很有可能有直接关系，而她一直不能去面对这个关系，这才是引起恐惧的原因。内疚掩盖了悲伤，悲伤掩盖了恐惧。于是我对她说："我们来做件事情，你把她拥抱在怀里。让她进入你的身体。她是你的一部分，进入每一个细胞。"我一边说一边仍然轻轻地按摩着她的腹部："深深地呼吸，把阳光、水分、空气充分地吸进你的身体，再深深地呼吸，吐出来。"我的手配合着她的呼吸，当她吸气时，我的手稍稍抬起，呼气时，我向下压，这样可以让她的呼吸更加深入。无论在我国的传统气功训练还是瑜伽的冥想中，深入丹田的呼吸，都是很有效的自我放松与打开心门的方式。对安全型的人来说，卸下防备直面真相是非常难做到的，这里我的引导可以让于舟快速进入催眠状态，把潜意识深处的恐惧情绪释放出来。这样，我们才能一起去进行下一步的处理。

于舟很配合地深深地呼吸了几次，看了看我，眼睛又转向天花板，慢慢地说："三姐有抑郁症。"刚刚止住的眼泪又流了下来，"三姐有抑郁症，她到北京来找我，住了不到十天，回去就跳楼自杀了。"于舟又开始了哭喊，

"她就是抑郁症啊！那天中午她要跟我说什么，我太累了，就没让她说，让她去睡觉，结果一觉醒来她就走了，连饭都没吃就走了，永远地走了啊！"随着她的大哭，我感觉她的腹部开始变得柔软了。其实我们的身体变得僵硬，是要防御什么，当真相浮现，防御就没有了必要，身体自然也就变得柔软了。

我让她哭，没有再打扰她，只用轻轻地按摩告诉她，我在这里陪着她。

她哭了一会儿，稍稍平静地说："她是从六楼跳下去的，我侄子质问我，你是搞心理学的，我三姑得抑郁你不知道？我说我知道，我给她找了精神科医生，后来我就没管。我好后悔啊，我没拉住她，我没拉住她啊。"

我看她又要掉入自责的泥潭，连忙对她说："闭上眼睛。告诉你三姐，你去了你想去的地方。"

她嘴角抽动着，犹豫了几秒钟，最终还是按我说的做了："你去了你想去的地方。"

"你最渴望的事情，你做到了。"

"你最渴望的事情，你做到了。"我看到她眼角流下的眼泪，晶莹剔透，带着长舒一口气的轻松。是的，讲出来，让自己去面对，这是解脱的第一步。我们常说要"拿得起，放得下"，放下的第一步其实是拿起。

"我很悲伤。"我继续慢慢地诉说，此时我已经化身成了于舟。

"我很恐惧也很悲伤。"不，我不是化身，我只是引子，引发了她更多的感受。

"我很内疚。"我继续当引子。

"我很内疚，我非常内疚。"

"但我知道那都是为你。"

"但我知道那都是为你，"眼泪又迅速涌出，"我心都碎了。"

"你的走让我很无力。"我继续。

"你走了让我很无力，你知道吗，我接受不了这个打击。"无力之后的愤怒出来了。

"我不接受你走。"我替她很坚决地表达此时的感受。

"我不接受你走。"停了一会儿，她又补充说，"我不接受你用那么痛苦的方式走。"

"但是这是你的选择，我无权干涉。"我试图把她从自责的深渊中再度拉出来。

"这是你的选择，我无权干涉。"这句话重复得有些犹疑，显然她还有别的话想说，"但你知道吗，再苦再难咱们在一起度过，咱们是一家人啊，你走了，你知道吗，你知道给我们活着的人带来怎样的痛苦吗？"

"但，我现在接受这个事实了。"我没有再去共情她的这个愤怒，直接要带她走出来。

这果然引发了片刻的沉默，但她终于还是说了出来："我现在接受这个事实了。"

"我渐渐地让自己不再内疚。"

"我渐渐地让自己不再内疚。"

"你没留下什么未竟之事。"

"你没留下什么未竟之事。"

接下来的话,她重复得越来越快,语气也越来越坚定:

"我还记得我们小的时候一起玩耍的美好时光。"

"我相信你也记得。"

"但是这些都已过去。"

"随着你的离去而带入到另一个世界。"

"那个世界的时间与空间我不熟悉。"

"但,有我们美好的回忆做伴,你不会孤单。"

"愿你幸福安宁。"

"祝福你,姐姐。"

说完这句时,我看到她长长地松了一口气,嘴角露出了一丝恬淡的微笑。等她休息过一阵之后,我示意助教把她扶起来,给她倒了杯水,让她在沙发上坐会儿,问她:"现在心里感觉怎么样了?"

她似乎有些不好意思地拢拢头发说:"感觉好多了。我觉得我好像是放下了。"

"其实死亡是我们每个人都不愿意去面对却不得不面对的事情。我们这一世人,要经历很多亲人的故去,最后也要面对自己的死亡。可是我们从不谈论它,好像谈论它就会招致它的到来。"我一般不会跟学员做太多理性的探讨，但直觉告诉我于舟可能还需要一些理性的梳理。

"的确是这样。我三姐死后，我从来不跟家里人说起这件事。只有我自己知道，她的死给了我多大的打击。自从她死后，我一碰到有抑郁倾向的或是有亲人故去的来访者，就会陷入一种迷茫中，完全不知道应该从何入手，最后我只好停下手上所有的工作，彻底调整自己。我自己其实也想过可能是三姐的死引起的，但我就是不能面对。一想起她，我就马上对自己说，你没有错，你已经尽力了。"

"你会这么对自己说，恰恰是因为你内心深处有个声音在责怪自己没有尽力啊。"

"嗯，我就是不能面对这个丧失吧。唉，没想到悲伤处理是这么难。"

"也不完全是，内疚和悲伤是一部分，其实我们最不能面对的还是自己的死亡。从别人的死亡里，我们看到的是，自己有一天也会死亡，而在我们的观念里，死亡意味着结束，一切归零。想想看，我们一出生就努力，努力生存得更好，可是我们能看到的结局却是一切归零，没有什么威胁比这个更强大了，这种巨大的恐惧足以让我们崩溃。"

"所以我们选择做鸵鸟，把头埋进土里，假装看不见这个威胁。"于舟笑着接口道，她真是个很有悟性的咨询师。

"是啊，只能说是你三姐的死引发了你自己的死亡恐惧。"

"嗯……"于舟脸上显出若有所思的神情，"那人死了之后，真的就什么都没有了吗？"

这个问题实在是太深奥了，我自己也一直在问自己生命的意义究竟是什么，我也只是这条路上的一个探索者、一个发问者。忽然我看到茶几上散乱的蜡烛，这是为最后一天课程的结束准备的。我拿过一支蜡烛点上，透过烛光，我看到于舟哭红的脸上散发着柔和的光。

"你看，我们的生命像不像这只蜡烛？"我问她。

她有些感触地点点头："蜡炬成灰泪始干。当我们的生命燃尽，一切都消失了，只剩下一点点残骸。"

"如果我们生命的意义是这个蜡烛，那么随着时间的流逝，它会一点点地消失。但如果我们生命的意义是这点烛光呢？"

"烛光？"于舟的眼里充满迷惑，但又有一点点兴奋。

"是的，就是这点光，它可以不依存于蜡烛存在的。"

听到我这么说，于舟顽皮地吹灭了蜡烛，"你看，光没有了。"

"是啊，光没有了。"我一边说一边重新点亮了蜡烛，然后我又拿过一打蜡烛，把它们摆好，接着用手中的这只把它们一一点燃。一点一点的烛光跳动着，仿佛是孩子澈亮的眼睛，带着温暖，带着希望，带着喜悦。我静静看着这烛光，良久，我吹灭了手中的这只蜡烛，抬起头来问道："那么，现在呢？"

◆骶骨透露的秘密——恐惧型的外在表现

恐惧型每天都活在恐惧当中，他们的恐惧往往不被人理解，甚至他们自己都不知道因什么而恐惧。从理智层面来讲，他们自己也不能理解自己的恐惧。他们的恐惧大部分在于自己的身体健康，或者亲人的健康。

同样是过度强烈的生死恐惧，但是表现形式有不同。有一类表现为白天和晚上判若两人。他晚上怕黑、怕孤独，白天则像个老大，仿佛别人都必须听他的指挥，不听他就发火。这类人做事没有太大的章法，逻辑性差，易忘事，遇事也容易放弃。他的情绪起伏比较大，易激惹，有神经质的特点。身体症状表现为容易失眠、心烦，特别是晚上症状比较严重，白天则喋喋不休地讲话，大部分都是豪言壮语，但语无伦次。

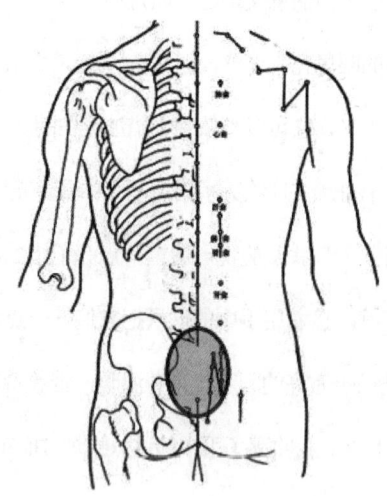

我有这样一位来访者。我第一次见到他，他就不停地说话，但我仔细地听了四个小时都不知道他想要表达什么。他的朋友告诉我，他每次给朋友打电话都要说上几个小时，而且他讲话不让人插话（你也插不上话，因为他讲话连停顿都没有）。听他的电话你可以把电话放在桌子上，每隔半个小时拿起来回应一句，他也不会知道你没有在听。他提出的问题你也千万不要给出回答或者建议，否则他马上就会愤怒。白天他是一位无所不能的英雄，到了晚上却变成一个惊恐的小鸟。他总是失眠，每天晚上都会犯"心脏病"。他总觉得房间有鬼，为此搬了无数次家，有时半夜会离开家去酒店睡觉。

这一类人的身体特征是骶骨的部位会是板结的，后背会像铁板一样坚硬。他们表面强大，行动力强，但破坏力也很强，如果是女性，她的性格会像男人一样霸道。不过，虽然他们的思维缺少逻辑但有很强的直觉，所以他们的命运还算不错，一般都会无意中有所成就。

还有一类人，他们的恐惧无处不在而且容易依赖他人，每天战战兢兢。他们很难独立做自己的事情或单独做任何决定。这两种人在体型上，一种比较强壮，一种比较柔弱。比较强壮的那一类人臀部比较丰满而且有弹性，而比较柔弱的那一类的臀部是干瘪的，他们的共同点是骶骨都是板结的。根据中医理论，臀部肌肉代表着肾之阳，也代表肾的原始动力——创造力。而骶骨的板结代表着0～3岁的被压抑到潜意识中的创伤记忆，这种创伤记忆一般都涉及生死恐惧。生死恐惧有两种动力，一种是创造，一种是破坏。"肾者作强之官，伎巧出焉"，这句话可以解释为肾精足的人创造力强。但当创造被恐惧控制时，创造力便成了破坏力，创造力越强反过来破坏力也就越强。前面提到过，恐惧分生死恐惧和生存恐惧，他们之间是有所差异的：生存恐惧产生焦虑和抑郁，生死恐惧产生破坏与依赖；生存恐惧是由于长期的成长环境不安全、长期不被支持和保护，特别是得不到父亲的支持和保护产生的，生死恐惧则与幼年时期发生的恐惧事件有关，特别是危及生命的事件。生存恐惧造就思虑型，生死恐惧造就恐惧型。恐惧型幼年的恐惧创伤会在骶骨中央产生板结——一种干瘪而坚硬的状态，恐惧的记忆就被储存在这里。要让恐惧型真正感觉到安全，就要打通这里的板结，让血液重新流通起来。

◆莫名的恐惧——恐惧型的内心世界

莫名的恐惧，就是不知道为何却没有办法解除的恐惧感，或没有任何理由就会不由自主地掉入恐惧当中，比如在没有任何病理问题下的濒死感或窒息感，或者夜间莫名的怕黑、怕声音……这种恐惧不受意识控制，好像与自己的意识无关。当恐惧过后自己都觉得好笑。曾经有一位警官说自己得恐惧症10年了，每次恐惧感来临时，嘴唇会变青，心跳每分钟达到140次以上，喘不上气来，被送到医院后却什么病也没有。他说自己其实什么都不怕，也不明白为什么会得恐惧症。这是一种用理智无法解决、也无法找到理由的恐惧——无意识恐惧。这种恐惧我们一般无法用意识认知去解决，传统心理学可以用催眠回溯的方法去找到潜意识的根源，有时虽然会有很大效果，但不一定能从根本上改变。因为无意识恐惧在身体上产生的记忆是不受意识控制的。它就像一个信号发射基地，不停地影响着我们身体整体的情绪状态，产生无缘由的恐惧冲动和各种恐惧的生理反应，比如自主神经紊乱。

无意识的情绪一般都源于3岁之前的创伤在身体上的记忆，这种记忆会储存在骶椎上。骶椎的经络是太阳经，代表着肾之阳，骶骨的八髎穴又与生理神经相通，也就是马尾神经。它影响着人体的内分泌系统，也影响着激素水平。当这个区域受阻板结，就会产生各种自主神经紊乱的症状。

婴幼儿时期的创伤是在没有太多意识的状态下产生的，很难留下明确的记忆，被身体记住的是当时的情绪体验，所以很难通过意识层面的技术使其认识情绪产生的缘由。但当这种被身体记忆的情绪遇到特定的条件刺激，本人就会出现症状，也就是所谓的无理由恐惧。3岁之前的婴儿的情绪很简单，一个是哭，一个是笑。哭是要吃，要喝，要拉尿；而笑就是满足之后的自然状态。中医里有句话："孩子哀而不伤。"他们不会因为哭而伤心，他们只是为单一的、活下去的需求而哭。他们唯一的创伤就是危及生命的恐惧。这种恐惧体验存储在他的生命里，将伴随着他一起长大。

我遇到过一位七十多岁的德国朋友，他童年经历过二战和集中营的惨剧。当我见到他时他的身体非常虚弱。由于长期服药他的肌肉不停地抽搐，心脏衰弱，精神处于非常惊恐的状态。我只是给他做了一个和缓的身体疏通和简单的沟通，他就感到了从没有过的轻松和内心的踏实。身心能量疗法最关键的就是根据中医整体理念，辩证地看待每个人，系统地分析和面对每一个生命。一些人在做了身心能量调整后恐惧感会大大减轻，这时我们就可以用按摩手法和心理学方法同时介入，陪伴其重新面对恐惧并追溯过去的经历。当身体的记忆被打开，有时来访者就能轻易地看到过去曾经发生的创伤场景，此时即使只做身体的情绪点的处理也会起到宣泄情绪的作用。当出现莫名的情绪宣泄，比如没有缘由的流泪、发冷、恐惧，这时就是最好的咨询机会，同时从身心入手就会取得很好的疗愈效果。这也就是中医里面讲的"恐则平之"。

有一个个案，案主是一位三十多岁的小伙子，他每天都处于一种莫名的恐惧之中，失眠、心悸、肌肉抽搐。最后一次，我用了中医"恐则平之"的理念，把手放在他的头上，对他说"你可以想象你已经死了。"我用催眠的方式让他直接面对死亡，瞬间他进入了巨大的恐惧之中。我让他趴在床上，一只手放在他的后背上，另一只手放在他的头上，继续让他面对死亡。当他恐惧到极点的时候突然大喊"妈妈,放我出去！我怕！我怕黑！"——他回到了幼年时期妈妈把他关黑屋子的事件当中。当他重新面对这个恐惧，他的身体记忆被打开了，他腰底的硬结忽然柔软了下来，出了一身冷汗。这时我让他想象他的妈妈哭着抱住他，两个人在恐惧中和解了。此后他告诉我他失眠的症状已经消失了，其他的身体症状也消失了，只是还有点腹泻。恐惧当时是被身体记忆的，当让他再次面对恐惧——死亡之时，身体的记忆被重新唤醒，于是恐惧被平常化了，这就是恐则平之。

◆**自我调解——假如你是恐惧型**

深度觉察：面对你的恐惧

有一句话：真正能帮助你的其实是自己，真正的改变在于自己的内心。恐惧每个人都有，正因为恐惧所以我们才安全地活着，正因为恐惧我们才创造了成就。恐惧保护了我们很多年，我们已经习惯了它的存在，它也成为我们生命的一部分。但当安全感被无法松弛的紧张所吞噬，当我们的身心已经无法放松和解脱，当焦虑成了我们生活的全部，我们才发现即便是成就也无法使我们有片刻的安宁，我们已经掉进了一个深深的漩涡，无论怎么挣扎也无法摆脱。

我并不赞成你在没有任何保护措施的情况下就直接面对令自己恐惧的事物，这样很容易造成心灵和肉体上的伤害。我所鼓励大家做的，是去看看你心里的那个孩子。在你的心底有一个孩子在那久远的地方等待着你。也许那个孩子很害怕，因为没有人能保护他；也许那个孩子很紧张，因为爸爸妈妈都在忙碌着，为了家里的大事小情奔波着；也许那个孩子被突然的一件事吓坏了、惊呆了；也许那个孩子被关在一间黑暗的小屋子里，在喊着妈妈来救他；也许那个孩子因为饥饿只想吃饱而哭泣，却被妈妈抱出了门；也许那个孩子被黑夜吓坏了……当我们看到了自己的那一部分，你可以走上前去陪伴那个被吓坏了的自己，告诉他"我来看你了"，并且陪他重新长大，告诉他"我长大了，可以保护你了，我来保护你"，告诉他"我们的妈妈因为没有办法给你吃饱才把你推到门外，妈妈在房间里哭泣，因为她是爱你的,她就在屋里等着你,我们回家吧。"你还可以告诉他:"妈妈回来了,就在黑屋子的门外,我帮你打开门你就可以看到妈妈"……随着那个孩子的长大并重新经历曾经的恐惧,那个陪伴了我们多年的恐惧就可以被放下了。

回顾自己的过去是改变的开始。当我们重新了解了自己,并且重新经历了那个曾经不敢面对恐惧的自己时,那些焦虑和恐惧就会失去了存在的价值。

行为实验:大哭一场

大禹治水的成功在于疏导而非拦截,面对情绪的洪水也是一样,找一条通道,让这些积压多年的洪水可以飞泻而出。在我们内心感到恐惧和害怕的时候,请不要否定这种感觉,找一个安全的角落,痛哭一场,让沉积在内心多年的淤泥随着这场情绪的洪水倾泻而出。

眼泪是造物主赐给我们的礼物,它具有强大的疗愈作用。遇事大哭一场是一种很好的减压方法,它能带出身体内的毒素。如果平时把眼泪都留在我们身体里,留在我们心里,毒素就会在身体里慢慢积累,毒素的积累也会慢慢堵塞我们的神经、经络、血液,各种情绪都会以僵化的形式停留在我们身体相应的部位,从而影响能量的疏通,进而影响我们相应的内脏功能。

当你大哭完之后,你会发现,你的心也开始安静下来。我们平时常说,先处理心情,再处理事情。你的情绪随眼泪流淌出去之后,那份内心的安静便会带给你处理事情所需要的智慧。正像老子所说的:"孰能浊以静之徐清?孰能安以动之徐生?"让自己躁动的心安静下来,回归到自己的内在,成为自己的朋友。恐惧是因为我们忘记了自己,害怕是因为我们丢掉了自己。当我们能常常觉察自己,陪伴自己的时候,力量就能由内而生。当我们成为自己的朋友的时候,我们才能真正面对那些恐惧,才能用自己的力量从恐惧中走出来。

改变从内心开始!

身体练习

"肾藏精,其志为恐",长期恐惧就容易损伤肾气,同时肾虚又容易使人产生恐惧和害怕。所以对于恐惧型的人来说,补充肾能量是至关重要的。《黄帝内经》上说,"恐使气聚",所以恐惧型的问题在于板结,他们大多韧带紧绷,可以多进行拉抻韧带的运动。下面就教大家一个三步补肾法。

第一步:吐故纳新。早上起床之后,找一个空气流通的地方练习吐纳。练习时,身体站直,两手放在身体旁边,深深地吸气,由鼻腔吸进去,吸到腹腔完全鼓起来,吸得越深越好,随着吸气,手渐渐向腹部处托起。然后再把气吐出来,吐到腹中一点儿气都没有,随着吐气慢慢弯腰,尽可能地弯,同时两手渐渐向后推,举起。如此循环重复五分钟,可以把一夜的废气都吐出来。

第二步：抻腿部韧带。练练踢腿，时间不用长，每次5分钟。踢腿有三个方向：一个方向是腿直踢，脚尖勾起尽量和小腿成45度角或更小，往身体前侧直踢，各人按身体的韧带松紧程度确定幅度，腿越接近上体，韧带抻的幅度越大越好；另一个方向是往身体侧方踢，脚尖同样勾起；第三个方向是腿往身体后侧踢，脚尖一样勾起。

第三步：练习协调能力。两脚站立与肩同宽，先是右腿曲起，右脚离地，膝盖尽量靠近身体左侧；然后换左腿曲起，左脚膝盖尽量靠近身体右侧。做这个练习时，脸部表情要尽可能地丰富，让面部肌肉全部动起来。在你面部表情不断变换的同时，用别人听不懂的声音发泄心里的不满。每分钟停一下，共做6次。做完后会有一种放松的感觉。我们心中那些被压抑的部分用这种做鬼脸、胡言乱语的方式发泄出来，对身体与情绪的平衡都是很有好处的。

静心冥想：

给自己一个呼吸、深深的呼吸，随着你的呼吸，让身体所有的部位放松下来。再给自己一个呼吸，随着放松，让我们自己去一个地方。

这是一个黑暗的地方，身体所有的部位都被挤压着，我进入那个狭小而黑暗的空间，它很狭窄，但很温暖，我的身体变得越来越小，仿佛回到了婴儿的状态。我去到了一个黑暗的地方，忘记了自己的呼吸，失去了所有的思维，我所有的感觉成为我生命的全部。我只能听到自己的心跳和另外一个人的心跳，我还可以听到血流的声音。

我什么也看不见，我和这个世界隔绝了，但我能感受到危险。在这个空间之外有很多危险，我甚至感受到外面发生着什么，外面有很大的声音，我能感受到。我能感受到另外一颗心脏的跳动，她有时很紧张，我感受到了，感受到了一种莫名的恐惧，因为我感受到了另外一颗心脏的紧张，它的跳动让我感受到了危险。

忽然，这个环境出现了变动，这个环境变得越来越小，它在收缩，挤压着我的全身。我曾经的愉悦和安全，忽然被紧张代替，我还不想离开这个地方，但有一种力量挤压着自己，当我到一个更狭窄的地方，当我全身所有的地方被挤压得喘不过气来，我想挣扎却没有力量。周围越来越狭窄，挤压着，挤压着，我快速地、紧张地呼吸，紧张地呼吸。用力，我全身用力，要经过这个狭窄的地方，那是个通道，我全身被挤压着，经过那个通道，挤压得越来越严重，我有点坚持不住了，我要出去，我要出去！我用尽了所有的力，挤压的力量也越来越大……终于我看到了亮光，我看到了一个明亮的世界！可是这里却没有了原来的温暖，我用我全部的力量哭了出来。

不知道过了多久，我进入了一个怀抱，又感受到了温暖，好像恢复了安全，我闻到了熟悉的味道，好像听到了熟悉的心跳声，我感受到了熟悉的血流声，芬芳的乳香在我鼻前，我闻到了。这个人和我是一体的，我们的身体是联结的，我又回来了，回到了那熟悉的环境，她是谁，她是我自己吗？我在她的怀抱里感到安全，我不想离开她，她让我很有安全感。有一双手托起了我的身体，有一张脸贴近了我的脸，我感觉那么熟悉，那么温暖，我模糊地看清了那张脸，她是我来到这个世界上所见到的最漂亮的一张脸，也是最慈祥的一张脸。我情不自禁地喊了出来：妈妈！她就是我的妈妈。我好像感受到有无数双手抚摸着我的全身。妈妈的两只手非常有力量，她有温暖的臂膀。

我在这个温暖的臂膀中慢慢地长大。有一天，我发现妈妈也有流眼泪的时候，也会有让我害怕的时候。有一天我发现我慢慢地离开了妈妈，我会走路了。再后来，我又看到了很多自己不愿意看到的和自己不愿意听到的，我还是渴望着妈妈的拥抱，但最后我发现，我们再也回不去了。

我一天天地长大，妈妈也一天天地变老，我的心离妈妈也远了，我的渴望不能得到满足。妈妈慢慢地、慢慢地变得陌生起来，但妈妈的眼睛还在看着我，让我再叫一声妈妈吧。妈妈，我曾经恨过你，妈妈，我心里有很多的抱怨，妈妈，我忘却了你的怀抱，妈妈，今天我长大了，我想抱抱你，我还能抱抱你吗？我知道，无论走到哪里，妈妈的眼睛都会看着我。让我再抱一下妈妈吧，妈妈。

第六章

承担型：你的人生我做主

我们经常会看见这样的人：他们的后背厚重坚硬，高高隆起。他们具备很强的承担能力，有很强的责任心，认为一切责任都应由自己来承担。他们的口头禅是"一切有我呢，我全担了。"但他们生活得很辛苦，他们承担的远远超过他们身体所能承受的范围，而他们又苦苦压抑着内心的情绪。他们中的大多数人，都容易长期受着心脏问题、心脑血管问题、腰椎问题、高血压、高血脂等疾病的折磨。但他们周围的人也生活得很辛苦，因为他们承担一切的同时也要求别人听他的。他们承担一切，也必须由他们来安排一切，他们觉得靠谁都不行，只有靠自己，而自己永远是对的。他们与成就型不同，他们一般不指责别人，但会强硬地要求，让别人都在自己的掌控之中。我称他们为"承担型"。

◆ 把所有的委屈都讲出来

◆ 坚硬的后背——承担型的外在表现

◆强大的脆弱——承担型的内心世界

◆自我调节——假如你是承担型

◆把所有的委屈都讲出来

生活中这样的人太多太多，在我的课堂上，这种类型的人通常会占将近一半。我希望通过一个典型的例子使所有的承担型都能有所触动。这个典型例子就是陈玉芳。

"我给大家解读一下承担型的身体，用什么解读呢？就是直观的感觉和感知，"说到这里我看向了陈玉芳，她心领神会地站了起来，很大方地走到场地前面，转过身来让大家观察她的后背。其实这已经不是她第一次来上我的课了，但上一次她觉得自己"时候还没到"，所以她的情绪没有被处理。这次她来之前就明确地表示想试着跟自己的身体沟通一下，看看效果如何，所以她很配合。

"大家看到她的时候，首先看到的是她的外形，我们来看她的后背，看出来了吗？她这左半侧是高起来的，右半侧比左半侧要矮一些，而且整个后背是僵硬的，腰部是塌陷的。再看她的臀部，是高起来的，她的臀部应该说比较有弹性，是吗？"我一边在她身上指示一边讲解，之后我转身问她，"我对你有一个这样的判断——你是一个非常强势的人，你觉得呢？"当我们知道了每个部位所对应的情绪，下一步就是整合式地去解读一个人的人格特征、成长经历、家庭环境。准确判断是处理个案的良好开端。

"可是我在家里……"她有点欲言又止,我知道还需要慢慢来。

"你背负了很多东西。"

"是。"

"你承担了你不愿意承担的责任。"

"是的。"

"我为什么会有这样的判断呢?如果一个人,她的臀部高起来,就说明有能力去承担,而如果背部也高了起来,就说明她确实承担了很多东西。"我继续我的讲解,我希望人们能够更多地学会自己判断,从而帮到身边的人,"通过她臀部的高起,我判断在她的家庭关系中母亲是比较强势的,你想起母亲时会有什么感觉?"

"我比较害怕她吧。"

"比较害怕母亲?母亲是一个什么样的人?"

"我很尊敬她。"

"大家听出来了吗,这里有一个很大的压抑在她的心里,就是她很尊敬她的母亲,这证明她的母亲在家庭中也是个能够承担的人,是这样吗?"

"是的。"

"你的父亲呢?"

"我父亲比较弱一点。"

"她的腰部这一部分是比较软的,而且是塌进去的,说明父亲给的支持不够,他是什么样的?"

"我父亲对我挺好的，感觉就是……"

"没有力量，对你挺好，优柔寡断。"

"嗯，确实是比较弱。"

"对，比较弱，比较软。如果一个家庭当中是母亲比较强，父亲比较柔弱，那她和父亲之间是没有情绪的——父亲对我还是挺好的。但是孩子对父亲的需求是什么？支持！力量！男人要怎么样？要顶天立地，要朝气蓬勃，顶天立地的男人才能让孩子感觉到安全。我女儿经常对我说这样一句话：'在小的时候，我觉得我爸爸是最高的一个人，我爸是最强的一个人，谁也打不过他，后来我长大了发现他还不如我呢。'"我说到这里的时候大家都笑了，但的确是这样，父亲都是我们儿时的偶像，父亲留给我们的都是如山的背影。我继续说："如果在孩子成长的过程中，她觉得父亲不如她，她会怎样呢？如果她在成长的过程中，感觉到父亲是有力量的，她又会怎么样？如果她觉得父亲的力量不够，在她的信念里，这个世界就只能靠自己，靠谁都不行，于是她就会形成过度承担的行为模式，你是这样吗？"

"是的。"

"我想你平时经常会无缘无故地产生一种冲动，内心当中有想要爆发的怒火吧？"

"是，经常想发火。"

"为什么会这样呢？当一个人的腰部这里有聚结时，聚结的能量就会有破坏性，然后无缘无故想发火。"

"对。我发怒，把我们家的茶几玻璃都给打碎了。"

"你看，把玻璃都给打碎了。那你平时想得最多、最让你生气的是什么事？"

"我经常因为孩子的事情恼火，我觉得孩子没有达到我的期望。"

"嗯，孩子不听话，是这样吗？"

"嗯。"

"孩子为什么不按照我想的去做？不按照我给他规划的人生去走呢？是这样吗？"

"是，因为我没上高中。"

"因为我没上高中，所以你必须上高中；因为我没考大学，所以你必须要考大学。你要完成我的愿望。是吗？"

"对，我在初中毕业的时候，父母逼着我读了师范。"

"对，你在上初中的时候，父母逼着你读了师范，你现在就逼着你的儿子上高中？"说到这里大家都笑了，用一个心理学专业名词来形容这个现象，就叫"强迫性重复"。"强迫性重复"最初是在观察儿童行为的时候发现的，当孩子经历过一件痛苦或者快乐的事件之后，会在以后不自觉地反复制造同样的机会，以便体验同样的情感。后来心理学家发现，很多原生家庭的行为模式都被孩子习得了，从而也形成了一种重复，也就是说人们往往在不经意间重复着自己父母的行为方式，这也是"强迫性重复"

的一种。

"嗯，我就是希望他经历我没经历过的。"陈玉芳坚决地说，她的确没有意识到她正在重复引起她痛苦的父母的行为模式。

"这么说来，你没经历过的事情多着呢，比如你还没当过总统。"我用尽量轻松的语调提醒着她这里的逻辑错误。

但是陈玉芳好像并没有明白我的意思，她已经完全陷入对儿子恨铁不成钢的无奈当中去了："但是，他现在离我的愿望很远，孩子的成绩不好，跟我想象的正相反。"

"嗯，结果跟你想象的相反，你期望孩子按着你的想法做，可是现在孩子出现了叛逆，我能知道你的孩子现在是什么样子吗？"我只能跟她的思路走。

"我孩子现在说他胃疼，不想上学。"

"你的孩子胃疼，有抑郁现象吗？"胃部不适通常意味着委屈，长期的委屈就容易导致抑郁。

"他现在就说，'我胃疼。我不是不想去，我就是不舒服。'"

"我不舒服，我就不去做，我就不去学习。"我尽量揣摩着那个被强迫学习的孩子的语气，希望这位焦虑的母亲能听出其中的委屈。

"嗯，他说他自己在家学。"陈玉芳完全忽略了我的情绪，人们经常是这样，只去关注事件的表面，而没有看到里面蕴含的情绪，所以才有一句心理学上的名言：先处理心情，再处理事情。要知道如果没有情绪的干扰，很多问题都不成问题了。

"你觉得他在家学吗？"我也只好暂时回到事情上来。

"我相信他在学，他这样跟我说的，我说我相信他，但我好像不能完全相信他。"

"你痛苦吗？"我不想再跟她讨论事情的表面了，于是我直接询问她的感受。

被我这么一问，她显然有点发蒙，但很快就明白过来，用力地点了点头。

"你觉得你有错吗？"

她更有点发蒙了，瞪大眼睛看着我，摇了摇头。

"是的，你没有错，你只是在遵循着一个规律。有一个模式在影响着你，你希望打破这个模式吗？"

"希望，我太希望了，我到这里来就是想解决问题的。"泪水悄无声息地漫上了她的眼眶。

我让她在按摩床上趴下，我在她的背部对应心脏的区域摸到一个条索，已经有手指那样粗了，这个地方一定藏着深深的伤心，于是我温柔地对她说："我们做一件事，你面前有一个人，那人让你非常伤心，他是谁？"

"嗯，我现在想起来，就是我老公。"

"好，那就是你的老公，如果我允许你，跟你老公讲出你心里的话，你想跟他讲什么？"虽然她跟母亲的关系有很大问题，但是这个结代表的是比较浅的情绪，也是现在困扰她的情绪，过往的情绪被她压抑在更深的地方了。我解决问题的时候，通常会像剥洋葱一样，从最表层的那一部分开始。"那我们现在，要共同做一件事，可以吗？我为你、你为你自己做一件事情。我相信你会改变，你面对你的老公，讲出你内心的话。"我一边按摩她的肩胛，一边引导她一层层进入自己的内心世界。

"老公我很爱你，可是你总是指责我，把错误都放在我身上。"

"告诉老公：'我很委屈。'"

"老公，我很委屈。"哭声很快传了出来。我们通常都有这样的感觉，在我们抱怨、发牢骚的时候，说了一大堆鸡毛蒜皮的事情，却还觉得不够，总好像有那么一点儿东西还没说出来，其实就是没直接说出自己的情绪感受。准确分辨出自己的情绪也是一门学问，可惜很多人忽略了这一点。像陈玉芳对她老公好像有很多牢骚，其实归根到底就是觉得委屈，我一说出"委屈"这个词，她马上就被打动了。

"你看着他。"

"你总是说我做得不对，都是我的错，都是我在惯着孩子，我做饭做咸了你就气得不吃饭，你一星期都不理我。每次我们生气，都是我主动讨好你，主动跟你说话。我给你洗脚，你把我蹬到一边儿去，呜……你还让我滚，呜……"这段边哭边说的表白，真是听得让人心碎。

"老公你伤害了我。"我尽量平静地帮她表达，直接说出自己的感受，而不纠缠在事件的细节上，这是很关键的。

回答我的只有哭声，于是我又接着说："我非常伤心。"

"老公你伤害了我，我非常伤心。"满含着委屈的语气。

"我们今天把所有的委屈讲出来，那都是垃圾，你要把它倾泻出来。"

陈玉芳大哭了起来。

"你压抑了很多年了吧？"

"我不记得什么时候开始的。刚开始不知道你为什么生气，你不理我，你躺在床上不吃饭，我不知道为什么你就是不理我，呜……你整天晚上不回家，跟朋友打牌，跟同事打牌，你对他们都那么好，为什么不理我？呜……你一直都怪我，一直让我走，我这次来的时候你说'你去了，就不要回来'，我为了孩子，为这个家，我想让这个家幸福快乐，我来的时候给你发短信你没有回我，你为什么不回我的短信？我昨天晚上给你打电话，我说我到了，你说'跟我有什么关系？'我说'怎么没关系，我是你的妻子，我很爱你，我想让你幸福'，可是你，呜……我对婆婆那么好，我对你们一家人都那么好，我是你们村里公认的好媳妇，你们家族的人都说我好，呜……"陈玉芳一边哭，一边絮叨着这些年来埋藏在她心里的点点滴滴。

"我知道你付出了很多。"这个时候她最需要的就是理解。

"我们家整天像集市一样，都是他们家的人。娘家的人我都不让他们来，他们来我都让他们住外面，他们家的人都在家里住，我都没说过什么，呜……"看来这么多年她积压在心中的抱怨已经太多太多了。

"我们今天可以把委屈……"我还没有说完，陈玉芳又接着说了下去："我把你们家人都当成自己的亲人，我和婆婆的相处有时候我比和我妈还要好，我跟你说过我和婆婆真的情同母女，呜……你要和我离婚，因为孩子，我真的好伤心，我不知道我哪儿做得不对，呜……"

我静静地等着她，让她说个够，哭个够。过了一会儿，哭声慢慢小了下去，我轻轻对她说："你看着他，现在他就在你的面前。"

"老公……"只叫了这一声，哭声又大了起来。

"他什么表情？"

"他很冷漠。"她又哭了起来，"他看都不看我一眼。"

"为什么？"

陈玉芳继续哭着。

"他心里在说一句话，你看着他，你能知道他在说什么，你能知道吗？"其实男人跟女人真的是两种动物，有的时候他想要的只是一个梨，你却倾己所有给了他一车苹果。

"我现在不知道他说什么，呜……他说：'你离开，你可以走啊，没有人让你做什么，你走吧，你走吧。'呜……"是啊，他只是在说我不要这车苹果。

"他在说你走吧，是吗？"

"呜……他经常这么说啊，呜……"

"老公在抱怨你。"我平静地指出这个事实，但又引发了陈玉芳新一轮眼泪："你每天吃的药，我都给你准备好放床头，你还有什么可抱怨的啊。"

"你老公发生了什么？能告诉我吗？"

"呜……我也不知道发生了什么。"

"那你老公身体发生了什么变化？"我尽量从细节入手引导她去体会老公的感受。

"我老公有高血压，他血脂高。"

"你老公很烦躁。"

"他总是很烦躁，总是很焦灼。"

"你看着他的眼睛，他的眼神是什么？"

"他很烦躁，呜……"

"你对他说这样一句话，跟我一起讲：'老公我知道你很焦躁。'"

"我知道你很焦躁。"

"你很烦。"

"你很烦。"

"我从现在开始理解你。"

"我从现在开始理解你。"

"不再指责你。"

"不再指责你。"她在哭声中重复着我的话，听得出来，一开始只是机械的重复，但说到这句的时候，她开始有了感觉。

"在过往的生活当中，我只知道照顾你。"

"在过往的生活当中，我只知道照顾你，"

"我不理解你。"

"我不理解你。"

"所以我让你失望了。"

"所以我让你失望了。"她说话的速度慢了下来,哭声也缓和了一些。

"让你感觉到很大的压力。"

"让你感觉到很大的压力。"

"从现在起我开始理解你。"

"从现在起我开始理解你。"

"你现在看着他的眼睛,他发生了什么变化吗?"

"他……"她在犹豫着,似乎对她感受到的变化不大相信。

"他开始看你了?"

"对。"我的话给了她力量,她松了一口气。

"他不再那么冷漠,老公也爱你,你知道吗?但他很烦躁,你告诉他,'从现在起我开始理解你。'"

"从现在起我理解你。"

"你还想跟他说什么?"

"老公,我想你快乐。"是的,我们都深爱着对方,我们都希望对方快乐、幸福,只是我们不知道爱也是一种技能,也需要学习。

"告诉他从今天开始你可以真正帮到他。"

"老公,从今天开始我可以真正帮到你。"哽咽的声音中好像带进了一点笑意。

"我可以重新认识你。"

"我可以重新认识你。"

"也重新认识我们家。"

"也重新认识我们家。"

"我还要再重新认识自己。"

"我还要再重新认识自己。"

是的，表层的洋葱剥开了，眼泪被刺激得流了下来，接下来还要一层层地剥下去，还会有更多的眼泪要流下来。

"我带着你，我们重新经历一次旅程，愿意吗？"

"嗯。"这个时候陈玉芳像个温顺的孩子，因为她上过我的课，看过很多人走过这一趟内心之旅，所以很安心。

"放松，你随着你的放松，随着你的呼吸，跟我一起走，会回到很久以前，回到你小时候。有一个孩子一直在你的心里，她很需要别人的关注，她一直在一个地方等待你，你还记得她吗？你还记得在你很小的时候的那个孩子吗？记得吗？"我稍稍停顿了一下，接着问道："她几岁了？"

"她还很小。"声音很微弱。

"她在干什么？"

"她在学校里，家就在学校里。"

"你的家就在学校里？"一个老师的孩子！其实老师没什么不好，只是很多当老师的父母，忘记了如何去当父母。

"是的。"

"她有几岁？"

"有两三岁吧。"

"妈妈去哪儿了？"

"妈妈去看病了。"

"孩子在做什么？"

"她在玩儿。"

"你看到她了吗？她在做什么？"

"她在屋里玩儿。"

"你做一件事情，我们可以回到那个时候，我们可以走近那个孩子，那个两三岁的孩子。"

这时她又开始了啜泣。

"你能看清楚吗？闭上眼睛，随着每次的呼吸，你可以回到过去，在你的眼前，出现一个场景，有一个孩子孤独地站在那里，你能看到发生了什么吗？"

哭声渐渐大了起来。

"我们俩共同做一件事情，我们去看看她。你慢慢地一步步走近她，那个两岁的孩子，她在那里干什么？你能走近她吗？能够吗？'我在陪着你，'你可以跟她讲，'这么多年我没来看你，今天我来看看你。'"我停顿了一下，想看看陈玉芳的反应，可是她却好像还没有进到那个场景中去，我只好又慢慢地引导她，"你慢慢地一步步走向她，走近那个孩子。她一直在那里等着，她在等谁？你可以走过去问问她，如果你能够，去拉她一下，拉一下她的手，你能做到吗？"

"我拉不住。"陈玉芳一边抽泣一边委屈地说。

"你拉不住她的手，是吗？"看来那个孩子对她还有阻抗。

"是。"

"如果可以，你可以蹲下身子，告诉她：'我陪着你。'你可以体会到她有什么样的感觉，感觉到了吗？你想对她说什么，说出来。"成年人在跟小孩说话的时候通常不会注意到自己比小孩高，如果站着跟小孩说话，会给小孩带来压迫感，如果能蹲下来，把自己放到跟小孩差不多的高度，给小孩的感觉就会很不一样。对自己内心的小孩更是如此，因为内心小孩往往更需要的是温暖的拥抱，而不是居高临下的审视。

"我觉得她可怜。"

"跟她讲出来。"

"你好可怜啊。"

"这么多年你没看过她，你今天看到她了，她在等待，她在等着你看她，你今天看到她了，你可以去拥抱一下她吗？你可以去触摸一下她的身体，她的身体是什么样的？"

"冰冷的。"

"冰冷的？她有多大？"

"1岁。"

"1岁？"时间又往前推了，看来陈玉芳的故事还很长。我继续引导她："你摸到她了吗？你可以给她温暖，将你的手放在她的身上，去抚摸她身体的每一部分，触摸到了吗？她的身体冰冷，她知道妈妈去哪里了？"

"不知道。"在孩子的心里，只要自己需要的时候妈妈不在身边，她就会充满怨恨。她不会去理会妈妈的离开是不是合情合理的，在她看来，只有自己内心感受到的孤独和冰冷是真实的。

"你把她抱在你的怀里，告诉她：'今天我来陪伴你。我带你去找妈妈。'把她抱在你的怀里，用你的身体去温暖她，用你的手去触摸她身体的每一部分，她曾经被遗弃，你告诉她'我带你回家'，把她抱在怀里。"

哭声时断时续，好像她都没有力量哭下去了。

"她还冰冷吗？"

"冰冷。"

"你带她去看看你的妈妈，现在她有多大？"

这回哭声里有了些力量。妈妈永远都是力量的源泉。

"她的身体不再冰冷，是吗？"

"是的。"

"你抱抱她，她想去哪里，你想把她带去哪里？"

"我想……"她想了想，终于没有说下去，其实她也不知道要去哪儿，一个人一直被要求去这里去那里，忽然告诉她你可以去你想去的地方时，她就会在那一瞬间不知所措。

"你告诉她，我陪你一起长大。"

"我陪你一起长大。"

"我不再遗弃你。"

"我不再遗弃你。"

"不再让你恐惧。"

"不再让你恐惧。"哭声越来越强。深埋在心底的恐惧感一点点渗出来。

"我们一岁一岁地长大。"

"我们一岁一岁地长大。"

"你看到了你妈妈吗？她在干什么？"

"她在看我。"

"你愿意把这个孩子交给妈妈吗？"

"我愿意交给她。"

"妈妈在等你。"

"我回来了，妈妈！"最后这声妈妈喊得撕心裂肺，听得出来，她用尽了全身的力量。

我等她稍稍平静了一些之后，再慢慢地说："一岁的孩子一岁岁地重新长大，去经历所有的事情。孩子一天天在长大，"我按摩到她的腰椎部位，轻轻地问她，"还记得在她四五岁时发生的事情吗？"之所以这么问，是因为我发现她的腰椎部位有一个包块，说明那里藏着一份恐惧。整个腰部都是肾的对应区，黄帝内经上讲"精聚于肾则恐"，她的聚结在腰椎的第四五节处，可以判断产生恐惧的事件发生在她四五岁左右。整个人体脊椎的聚结都对应着我们相应年龄所发生的事件，熟练掌握这一点，非常有助于我们和来访者一起去回顾那个事件，疗愈当时的创伤。

"记得，她被砸昏过一次。"

"看看她被砸昏的过程，回到那个时候，看着她，谁来解救她？"

"她旁边有很多的人。"

"嗯，很多的人？你去抓住孩子的手，妈妈也在？"

"嗯。"

"妈妈就在旁边？睁开眼睛，她第一眼看到的谁？替她喊出来，她要喊出来。"

"第一眼看到……"她欲言又止。

"她要找谁？"我又追问了一遍。

"不知道找谁。"

"让她喊声'妈妈'，用所有的力量。"

她心里的话是"妈妈我害怕"，可是话到嘴边又给咽下去了，看来她与母亲的隔阂确实是挺深的。

"妈妈。"她试探着轻轻地喊了一声。

"喊出来。"

"妈——妈。"这回声音大了一点儿，但还只是嗓子里发出的声音，跟她之前用尽丹田气喊出来的那声妈妈有很大区别。

"用力喊出来！"

"妈——妈。"

"继续，喊出来。"

"妈——妈。"

"用所有力量帮那个孩子喊出来。"

"妈——妈，你在哪儿？妈——妈"她大哭了起来。

"妈妈在，拉着你的手，你可以哭出来，告诉妈妈'我很害怕。'"

"我很害怕，呜……我以后再也不这样了。"看来是自己闯了祸，导致自己受了伤。我们的家长在这种时候往往是厉声教训，以为这样会让孩子记住教训，其实比这个现实教训更深入骨髓的是那种恐惧。孩子身体上受了伤，感到了疼痛，伴随而来的那种恐惧她自己完全能体会到。如果这时妈妈能够包容地陪伴着她去经历这种痛苦，孩子心里就会产生安全感，这就仿佛在告诉她：不管多么严重的事情，妈妈都会跟你在一起。妈妈的爱不一定能解决所有的现实难题，但一定是孩子的力量源泉，有了这种力量，孩子在面临现实困境时才会迸发出惊人的创造力。可惜的是家长在这种时候往往选择更严厉地斥责，这就在原发的恐惧上又加了一层继发的恐惧，这种态度往往会令孩子更受伤。

"妈妈我错了。"我帮她说出这句许多年都没能说出来的话。

"妈妈我错了,你不要怪我啊。"

"你看着妈妈的眼睛,妈妈在责怪你吗?"孩子在母亲的高声斥责中很难感受到爱与关怀,但是现在回想起来,她应该会有新的体会。

"没有。"

"妈妈那是心疼的眼神。"

"呜……不要怪我。"

"看着妈妈的眼睛,妈妈是什么样的眼神?妈妈是怜爱。"

她哇哇大哭起来。

"跟妈妈说说话吧,"我一边按着她的肩胛,一边轻轻地说,"趴在妈妈的怀里,你今天可以趴在妈妈的怀里,妈妈在抱着你。"

"我从来没在妈妈怀里呆过,她没有抱过我。"从来没有被妈妈抱过的孩子,心里该有多少委屈啊。

"今天妈妈可以抱你。"

"妈妈从小到大没有抱过我……"其实,孩子啊,妈妈肯定抱过你的,只是你不记得了,如果妈妈从来没有抱过你,你就不会对那个温暖的怀抱有着那么深的依恋,也不会因为后来得不到那个温暖的拥抱而积压这么多委屈和抱怨。

"趴在妈妈的怀里,妈妈就在你身边,今天可以和妈妈在一起。闭上眼睛,趴在妈妈的怀里,"我示意助教把手放在她头上,接着说,"告诉妈妈,

'这么多年我压力很大',告诉妈妈,'这么多年我受了很多委屈,妈妈,这么多年我真的很难过',和妈妈说说你心里的委屈,今天我们和妈妈说说所有的委屈。"

又一层防御被情绪的洪水冲垮,更多的泪水倾泻而下。

"妈妈,我还是个孩子!"喊出来,"妈妈!"

"妈妈啊——"声音里饱含着委屈。

"喊出来,用所有的力量喊出来。"

"妈——妈,呜……"

"吸一口气,用所有力量喊出来!"

"妈——妈。"

"妈妈,看看我。"

"看看我。"

"抱抱我。"

"抱抱我。"

"求求你。"

"求求你。"

"我需要你。"

"我需要你。"

"我累了。"

"我累了。"前面几句都奶声奶气,像个孩子,到了这句,她忽然长长地叹了一口气，说出来完全像个疲倦的中年人。

"深呼吸，你喊一下，'妈妈一直在陪伴着我，妈妈永远陪伴着我，妈妈用爱在陪伴着我。'"

"我不想让你失望，妈妈，你说我很笨，你一直说我很笨，我一直在证明我不笨……"后面的话被哭声淹没了。她妈妈大概是个好老师，一个严格要求学生的好老师,可是孩子遇到的老师会有很多个,妈妈却只有一个。

"今天妈妈允许你哭，妈妈允许你说实话。"

"你一直说我很笨，我一直想做个好孩子……"后面的话再一次被哭声淹没。

"你已经做到了，你知道吗？"我很想告诉她，天下所有的父母都是无条件爱他们的孩子的，只是那份爱埋藏得太深，有时连他们自己都没有觉察到。

"可是，我的孩子不是你想的那么好，又让你失望了啊，呜……我好伤心啊。"

"妈妈，你看到了吗？这么多年，我一直在为你活着。"我替她说出心里的话。

"我一直在为你活着，我不让你住到我家，是因为我怕你看到我的孩子没有妹妹的孩子好，我怕你责备我，我怕你责备我没有把孩子教育好。我把你送走,因为你在我眼里太大了,你知道吗？所以我把你送到妹妹那儿,她的孩子学习好……"诉说夹杂着哭声，时断时续。

"看着妈妈。"

"妈妈，你不要怪我，不要怪我啊。"

"妈妈在怪你吗？"

"呜……是，在怪我，怪我孩子。"

"请告诉妈妈一句话：'妈妈，我在用你的方式对待着我的孩子。'"我的语气坚定了起来，因为我知道帮她建立新的观念的时候到了。

"我在用你对待我的方式对待我的孩子。"陈玉芳开始冷静了下来，似乎很快就领悟到了我的意思。

"我想让我的孩子按照我的想法去生存。"我继续坚定地说。

"我想让我的孩子按照我的想法去生存。"她抽了抽鼻子。

"我为你活了一生。我想让我的孩子为我活一生。"在重复这句话时，她又有些悲从中来。

"我现在终于明白了。我要为我自己活着。"我让自己的语气显得轻快一些，她也随之轻快了起来。

"我从今天开始，我为自己活着。"

"我从今天开始，我为自己活着。"

"我相信妈妈允许我幸福。"

"我相信妈妈允许我幸福。"

"也支持我幸福。"

"也支持我幸福。"

我带领着她做她的幸福宣言，我能感觉到一股力量慢慢在她的身体里弥漫开来。

"你看着你的孩子，跟你的孩子说：'我相信你。'"

"我相信你。"

"你有你自己的人生。"

"你有你自己的人生。"

"我从今天开始选择相信你。"其实我们每个人都有选择，我们可以选择遵循我们父母的模式走下去，也可以选择活出自己的模式。我希望陈玉芳能从她母亲的方式中摆脱出来，不再让她的孩子经历她所经历的一切。我让她跟我重复下面的话。

"我相信你能够用自己的方法找到幸福。"

"我相信你是有能力的。"

"我相信你是健康的。"

"因为妈妈健康。"

"妈妈不希望你为我活着。"

"现在我允许你为自己活着。"

"我相信你。"

这些话既是从我的口中说出来的，也是从陈玉芳的口中说出来的，我可以感觉到一开始她还不大相信这些话，但越到后面，她说得越坚定。是的，我们可以有选择，我确信她真切地感受到了这一点。虽然从我们旧有的模式中摆脱出来并不容易，但意识到了这一点，就已经踏上了一段新的旅程，这段旅程是陈玉芳的父母所没有经历过的，甚至可能是我们其他人都没有经历过的，我们不确知在这条路上会发生什么，但有一点我可以确定：这段旅程一旦开始，就没有人可以阻止她。我们的祖先正是凭借着这样一段又一段未知的旅程，创造出今天的一切，而现在我们也将这样走下去，为我们的后人创造崭新的一切，这就是向上、向善的力量，是我们人类得以生存、繁衍、进化的内在动力！

"你可以站起来了，我相信你！"陈玉芳从按摩床上爬起来，眼睛虽然肿得老高，脸上却闪着动人的光芒，那是解脱的光芒，大家都情不自禁地鼓起掌来。"你闭上眼睛，深深地呼吸一下，把刚才所发生的一切放在心里，面对你的生活说一句话，只说一句，你想说什么？"

她停顿了一下，低头看了看地板，又抬起头看着大家，大声说出了那句我期待已久的话："我相信我是幸福的！"

◆坚硬的后背——承担型的外在表现

在别人眼里他们永远是强者，他们永不言败。他们一般都是那种肩宽背厚的人，他们的外在就像厚厚的堡垒，坚不可摧。他们的后背会像墙壁一样坚硬，腰椎的部位塌陷得很深。遇到这样的人，我经常告诉他们，其实你们后背都是眼泪。每当他们真正打开心扉，把眼泪彻底流出来，他们后背的高度就会减掉一部分，变薄，变柔软。但他们的眼泪都压抑得很深，一般在别人面前不会哭的,甚至几乎没有哭过。

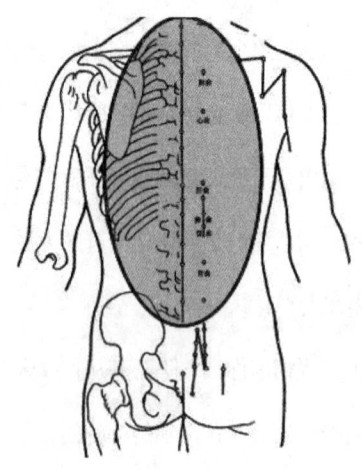

有一次我的工作室来了一位大姐,一看就是精明强干的人,她的后背坚硬得像墙壁并且高高隆起,于是我问她"你累吗?"她长叹了一声,说"累又能怎么样呢?"我又问她身体上经常会有什么感觉,她说经常觉得心累、胸闷、心慌、气短。像她这样就是承担了过多的责任,而且是不由自主地去承担,着急的时候觉得靠谁都不行,只能靠自己,所以把自己累得不行。我给她按摩后背的时候,她忽然之间就很想哭,自己都不知道为什么。我知道是因为她厚厚的后背里储存了太多的眼泪,就引导她想哭就哭,把那些眼泪都释放出来。于是她痛哭着讲述了他的人生经历。

她结婚二十年了,老公很帅,也有一个很可爱的孩子。刚结婚的时候,他们生活很贫困,于是开始拼命地挣钱,把挣钱看成了唯一的追求。只要能多挣一些钱，就觉得很满足。由于她从小就受穷，父亲又不能干，家里全靠妈妈支撑，她就学会了妈妈的特点，勤劳，吃苦，坚强，从小就像一个男孩子。她从小就帮父母干活，帮忙看护弟弟。结婚后，她一切都不让老公操心，无论是事业还是家庭都是她一个人扛。开始老公和她并肩作战，可是当他们越来越有钱时，老公却离她越来越远了。"也不知发生了什么，这么多年过去了，我们的生活水平提高了，经济条件好了，却忽然发现生活失去方向了，觉得那些物质根本就不重要，老公才是最重要的。可是不论我怎么努力，我都觉得幸福没有了，我不知道那些事业、金钱能带给我什么。"她越说越伤心，忍不住大哭起来。

平时的坚强、外在的强大其实都是承担型的外壳。面对那些巨大的压力，他们一直用一句话催眠自己："靠谁都不行，只能靠自己"。只有坚强、强大才能得到尊重，得到地位，我要做个能人。他们时时告诉自己，别人能做到的我一定能，我要把所有的责任承担起来，为我的家人撑起一片天。他们调足所有的力气，让眼睛瞪得炯炯有神，让身体宽厚而坚硬，这样才能经得起风吹雨打。于是他们的背越来越厚，越来越硬。

同时，几十年的劳累让他们疲惫不堪，他们也会感到身心疲累，长期的压力让他们积累了很多的伤心、委屈、愤怒，而这些恶性的情绪都以一种能量物质的形式储存在他们的身体里，阻碍气血和经络运行，导致身体出现症状。

◆**强大的脆弱——承担型的内心世界**

在我们看来,承担型永远是强者,他们不会推卸责任,遇到问题永远冲在前面、冲锋陷阵、勇往直前,在任何人面前也不会叫苦。我们看不到的眼泪,他们全部留在心里。我会开玩笑地称他们为坦克车,无论你用什么样的炮弹都很难摧毁她们坚硬的外壳,然而在他们坚硬的外壳里面其实隐藏着一个需要保护、期待依赖的脆弱的孩子。他们一般很少让人帮助自己,在他们的模式当中,被帮助是件让他们很痛苦的事情。他们的内心有一种求助障碍,哪怕自己最亲的人也不被允许帮助自己,当然这只是一种潜意识的拒绝,拒绝的背后正是强烈的渴望。

承担型大多数是女性,她们这种行为模式的形成与她们的家庭有很深的关系。我们去探索他们的人生,会发现她们通常有一位能承担的妈妈,却有一位柔弱的父亲,或者没有能力承担的父亲。通常在家庭当中,母亲给孩子带来滋养、包容、爱,让孩子感觉到温暖的归属感,而父亲给孩子带来的是支持、保护、力量,让孩子有一种安全的感觉。但是在承担型的家庭中,他们从小看到的都是妈妈很严厉的强大,由于妈妈的忙碌和承担,让他们失去了被爱和被关注的机会;同时由于父亲的柔弱,让他们失去了被支持、被保护的感觉。于是他们从小就形成了一个没有支持与保护的小小的自我和一个强大的、替父亲承担、学习母亲坚强的自我。这两个自我会一直在他们的生命中纠缠,他们大多数的情绪也缘于这种纠缠。比如,母亲的信念是"靠谁都靠不住,要靠自己";而父亲带给她的感觉是"男人是不能依赖的，我要比男人更坚强"。于是在她的潜意识里就形成了一个坚定的信念：我要像男人一样坚强而强大，代替父亲承担，像妈妈一样不依赖任何人。然而，过度的承担会让他们习惯性地把承担当成生活的全部。在进入自己组建的新家庭的时候，她们会把所有的责任扛在自己身上，在单位也会习惯性地把责任不由自主地扛起来。脆弱会深深地被藏在他们心底深处，过多的承担会使他们委屈的眼泪积压在自己的心里。这些都会成为她们身体健康的一种威胁。

再坚固的堡垒都有塌陷的一天，再坚强的人都有撑不住的时刻，数年如一日的承担让他们心力交瘁，渐渐地，身体像摇摇欲坠的高塔，再也承不住心中那座托不动的山，疾病出现了。承担型不允许自己停下来，也不会让别人搀扶。他们会说我没有人可以依靠。因为他们在童年时只学会了坚强，他们当时多么渴望有一个人可以依靠，可是他们没有找到，即使找到了可以依靠的人，他们也没有能力相信这个人可以依靠，或者说觉得自己没有资格依靠。妈妈一生用生命证实了女人是不能依靠男人的，父亲也让他们看到一个生命中最"强大"的男人都是没有能力保护自己的——因为在孩子心目中父母本来是无所不能的，是最有能力的，可是当孩子发现这样强大的人都不可以依赖时，这个成长经验告诉他们："我没有资格依赖""男人不是可依赖的，是要靠妈妈保护的，于是我要学习妈妈保护爸爸，而爸爸应该承担的责任我来承担。"就这样，承担、坚强、忍耐便成了他们的一种人生态度。

当然，这样坚硬的强者不只是女人，男人当中也有很多。我遇到过一位学员，他后背很厚，腰椎塌陷，是典型的承担型。在家里他承担了所有的责任，他经常对老婆孩子说："一切有我呢，我全给你们担着。"无论要面对多大的压力和困难，他总是默默地承受，从来不抱怨。但是在他保护全家人的同时，他也要求家人都听他的。他妻子是个比较传统的女人，虽然有时候觉得他的要求并不合自己的意，但也很少跟他计较。本来他身体很好，但半年前突然发现了严重的肝炎腹水，肚子总是胀鼓鼓的，跑了医院很多次，每次抽完之后没多久又开始鼓胀。他妻子在一次偶然的机会听了我的公开课，觉得我可能可以帮到他，于是就拿我的书给他看。但在他的信念中，是没有任何人可以帮到他的，他不仅强硬地拒绝了妻子的建议，甚至连我的书都撕了。后来他的腹水越来越严重，他妻子在家以绝食相逼，才总算让他来到了我的课堂上。

　　他从小父亲早逝，母亲是个很软弱的人，总是被别人欺负，也没有能力保护他。他从小就下决心，要让自己成为强者，保护自己，保护家人。渐渐地，他养成了自己一个承担所有事情的习惯。在他12岁那年，有一次脚趾被砸断了，他自己一个人扶着脚趾头走到医院去包扎，一滴眼泪都没流，在场的医生和护士都被他的坚强震住了。他自己的解释是，他从小看着母亲流泪，可是家里的境况却从来没因为流泪而发生改变，所以他决定自己永远不再流泪。这件事他之前从未提起过，因为他觉得跟谁说都没用，直到在课堂上我把他的情绪引导出来。

那次我花了几乎一整个下午的时间对他进行调整,他从小以来所经历过的困境、所遭受的侮辱、所有压抑在心里的委屈、愤怒、悲伤、恐惧等等,在我的引导下都化作了泪水,喷涌而出。他哭了很久,边哭边骂,边哭边喊,按摩床上的垫子被他的泪水和汗水都浸透了。当起身的时候,他说他感到了前所未有的轻松。他还给他妻子深深地掬了一躬,感谢她以自己的健康为代价,迫使他来寻求帮助。后来他妻子告诉我,又经过短暂的药物治疗,他已经恢复了健康。

其实,每个承担型看上去都强大无比,因为他们不允许别人帮助自己,他们只允许自己坚强,只允许自己支持别人。但是他们非常需要理解,非常需要认可。他们虽然外表冷漠,但是内心火热。他们有强大的内在力量,他们愿意改变,而且改变的动力非常大,他们就像被封冻的冰山,外表是厚厚的冰层,当我们用火热的关怀与爱温暖他们时,冰层消融,生命就会绽放它的柔软之美!

◆自我调节——假如你是承担型

深度觉察:找到感觉

感觉是我们天生的能力,我们一生下来就有视觉、听觉、嗅觉、触觉,我们就知道冷、热、饱、饿……这些最初的感觉也主导了我们的情绪。但承担型在很小的时候就被迫与自己的感觉隔离,也慢慢与自己的情绪隔离,所以想要能很好地处理自己的情绪,首先就是要找到感觉。

可能对于长年奔忙劳累的你来说，找感觉是件很不容易的事，这时我们可以先从身体的直接感觉入手。比如在你很累的时候，静静躺下来，先感受身体，看看是身体什么样的感觉引起你的累，和身体每个部位逐一沟通，不时地换换姿势，看看不同的姿势会引起身体什么不同的感觉。身体不舒服的感觉通常有：酸、麻、胀、痛，每种感觉又会有不同的程度和形式，你尽量用语言去表达身体的感觉，慢慢地，你就能描述你的身体感受了。

接下来，你可以进一步试着去描述你的情绪体验。人类最原始的情绪有：喜、怒、哀、惧，同样每种原始情绪又有不同的程度和形式，而在这些基本情绪的基础上，经过自我认知的加工，我们对不同的社会环境还会产生很多种复合情绪，比如焦虑、抑郁、敌对、内疚、依恋等。你可以在自己又忙又累却又无法开口向别人求助的时候去体验一下自己的感觉，看看在这种时候你的身体哪些部位会感到难受，心里又会是怎样的感受。

找到感觉，会帮助我们与自己失散已久的内在小孩产生联结，唤起我们与生俱来的丰富感觉。一点一点地软化自己的内心，我们就会与自己同时也与别人相处得越来越融洽。

行为实验：放下责任

每天，巨大的压力就像影子一样伴随着你，对于你来说人生就是责任。当然，有责任感是一种美德。但承担不属于自己的责任，其实是不自觉的背负了别人的命运，管理着别人的人生，为其他人的人生负责。当你为着别人的人生负责时，你很容易忘记了自己，失去了自我。你把自己的人生和所有"亲人"的人生捆绑在一起。在失去自我的同时，你也绑架了别人。其实，我们每个人都只能为自己的人生负责，背负不起其他任何人的人生。为自己负责是成熟健康的表现，为自己负责也是每个人的成长方向，把自由成长的权利还给他人是你首要的功课。

在长期承担别人责任的过程中，你让周围的人养成了一个习惯——依赖、无能、无力。当他们像一群长不大的孩子依附在你身上的时候，你会被累得喘不过气。现在请你做一个小小的实验。选择你身边的一个人，在以往的生活中，你可能包办了他的一切，在你包办的这些事里面，有些是属于你可以帮他做的，有些则是应该由他自己完成的，你尝试选出一件你觉得应该由他完成的事情，放手让他自己去完成，比如帮助已独立成家的兄弟姐妹处理他们的家务等。

在这个实验的一开始，你可能会觉得有很大的压力，因为大家似乎都已经习惯了你的"照顾"，你的父母可能都会觉得你就应该多替其他的兄弟姐妹承担。而那些你帮助之下的兄弟姐妹们平时不一定说你好，但你一旦放开手，他们就会对你有无数的怨言。这时，如果你觉得时机允许，你可以直接告诉父母："我也是你们的孩子，我只能做你们的儿女，并且像其他儿女一样爱你们。我们都长大了，兄弟姐妹们都长大了，我不能再做他们的家长了，我应该把她们的人生责任还给他们，支持他们成长，把他们成长的权利还给他们，我相信他们能为自己的人生负责，我把不属于自己的责任还给他们，也把父母的责任还给你们。"

如果你觉得你还不能如此坦率地表达自己的想法，那么也请你在心里对你的父母说，多说几遍，说的时候留意自己的感受，一直说到你觉得可以直视着他们的眼睛说出这番话，看看那时你内心的感受又有什么不同。

请你从今天开始选择相信所有的人，相信他们有能力管理自己的人生，放下那些不属于你的责任，轻装上阵，活出属于你自己的风采！

身体练习：

给自己点时间，每天放松一下自己的身心，做做运动，这对承担型来说是非常重要的，特别是那些能让人变得柔软的运动，如瑜伽，或者静心的练习，如打坐。

承担型由于长期心情压抑，往往会造成心经的淤堵，可以通过按摩手少阴心经的极泉穴来调节。极泉穴位于腋下，腋窝顶点，腋动脉搏动的地方。如果拨动极泉手指有酸麻的感觉，说明心经通畅，如果酸麻的感觉不能到达手指，就说明心经上有淤堵的地方，要着重疏通。

另外，"肾为心之主"，脚底的涌泉穴是肾经的要穴，可以在睡前用手心按摩脚心，达到心肾相交，促进全身气血运行。

同时还可以进行踢臀的练习：双手扶墙站立，双脚轮流向后踢，尽量用脚跟去接触臀部，每天左右腿各连续踢50次。这样可以很有效疏通肝肾经。练习完之后，甩甩腿，松松脚踝，促进血液循环。

静心冥想：

现在请你放松，想象你自己正站在一片美丽的草原上，那是一片你想象中最美丽的草原，而且它完全属于你。

在这里，阳光轻柔地洒在每片叶子上。请你俯下身来，仔细观察每片叶子，有的叶子伸展着长长的臂膀，迎着风轻轻地摆动，仿佛是在向你招手；有的叶子才刚刚冒出地面，用它小小的但有力的叶尖挠着你的脚心，你的脚心感觉到有点麻麻的、痒痒的，这种感觉使你全身酥酥的，让你很想躺下来。那就躺下来吧，躺在大地母亲的怀中，你全身放松，深深地呼吸，你可以闻到潮湿的泥土的味道，还有青草混合着淡淡的花香。你慢慢地呼吸，呼吸的声音那么轻柔，仿佛生怕打扰了小草的生长。是的，当你屏住呼吸，凝神谛听，你可以听到小草生长的声音，小小的，细细的，却此起彼伏，绵延不绝。再仔细听，这些声音不仅来自于地面，还有来自于地下的，蚂蚁在寻找自己的洞穴，蚯蚓努力扭动着身体，种子在吸收着水分……慢慢地，这些声音在你的耳中汇成了一支波澜壮阔的交响乐，它的名字就叫——生命。

这时一片白云慢慢地飘过来，刚好帮你遮住了头顶的阳光，你稍稍眯起眼睛，看着头顶的白云不停地变幻他们的姿势，有时像一只可爱的小狗，像你曾经见过的最可爱的那只吗？或者它是拿着金箍棒的孙悟空，充满着力量与不羁？好像现在又变成了一个温暖的摇篮，里面躺着的是那个向妈妈张开双手的你吗？还是那个你最期待的自己？

是的，你看到自己正安详地躺在美丽的草地上，旁边黄色的、红色的、紫色的花在微风中轻轻颤动，你已经完全融入了自然当中，感到自己很恬静、很安详，就好像是这里的一部分。那正是你最期待的自己。一股暖流慢慢地从身下漫上来，浸润了你的全身。你忽然发现通往平静幸福的路就在面前，虽然有时这条路会被一些琐事阻碍，但是你随时都可以走回来了，你随时都可以回到这片宁静的草地再出发。是的，你的未来从你的此刻开始，你的改变从你的思想开始。我们都是自己思想的创造者，改变你的思想，你将会改变你的世界，没有什么比改变更确定的了。

从今天起，从改变你的思想做起，你将建立起你明天的世界。从现在开始，你积极乐观、充满自信，越来越开朗，越来越有热情和魅力，是的，你值得拥有。是的，你是完美的生命。

第七章

思虑型：防患于未然

思虑型有很强的逻辑性，他们总是考虑很多事情，一天到晚忙个不停。他们观察事物细致入微，总能发现别人想不到的危险，他们的人生总是围绕着一个中心：杜绝所有可能发生的危险，防患于未然。

思虑型的认知是，这个世界是不安全的，自己是不被保护的。他们认为：要想安全，就要把一切的危险都考虑到，并且提前避免所有的危险，提前解决所有的障碍。思虑型是天生的安全卫士，他们总是时刻警惕，及时发现困难和危险。在思虑型的身边，你会很安全，因为他们把所有不安全的因素都考虑到了。但你会感觉很不安全，因为他们的神经片刻都不放松，他们的焦虑和紧张会感染你，让你觉得这是一个不安全的世界。他们的格言是：智者千虑必有一失。

◆沉默的背后

◆怎么吃都不长肉——思虑型的外在表现

◆没有安全的世界——思虑型的内心世界

◆自我调节：假如你是思虑型

◆沉默的背后

与王先生的初识是在一次朋友的聚会中，我跟他讲了"身心能量整合疗法"的大致构架，他很感兴趣，恰好几天后我在北京就有一期"身心能量整合疗法"初级班，他很想参加。可他同时还有一件想做的事情，就是去杭州见一位老师。于是他问我："肖老师，您说我是去听课呢？还是回杭州去见那位老师呢？"我回答他："你自己决定！"他很为难，因为他去听课就不能见老师，去见老师就不能听课。他进行了整整一天一夜的思想斗争，终于决定跟我去听课。然而，当我们两个已经登上前往北京的飞机即将起飞的时候，他突然跟我说"我要是去听课就真的见不到老师了！"我说："那怎么办呢？"他说："我还是下飞机吧。"于是，他匆忙下了飞机。可是当我走进课堂却意外地见到了他。原来，就在他下了飞机之后又觉得听课很重要，于是搭了下一班飞机连夜赶到了北京。但是，在三天的课上，他一直在为没有见老师的事情而焦虑。就这样，他每天都处在两难中。

这样的人，我把他们称作思虑型。他们每天忧心忡忡，很少有闲下来的时候；他们有很强的创造力，不停地寻找着能让自己安下心来的事物；他们通常在事业上发展得很好，有比较高的社会地位。然而他们就像飞转的车轮一样，不停地运转着；他们忠于自己的信仰，忠于自己的事业和稳定的环境，他们一般不喜欢改变现状，因为改变太不安全了——他们一直都在追求着稳定和安全。因为焦虑，他们行色匆匆。

他们不会给自己留下时间，而是把所有的精力用在工作和思虑当中。他们也很少给自己的亲人留时间。他们能给自己最宝贵的东西就是信任，因为信任对于他们而言是太困难的事情。同样，他们给身边人最宝贵的东西也是信任。他们一旦信任你，就会下意识地把你当成他自己来对待，就会在潜意识当中相当严格地要求你，同时也不让你闲下来——因为他们觉得这是对你最好的礼物。

课堂上，我经常和思虑型开玩笑，说："无论我问你什么问题，你一定都会回答'可能吧，差不多吧，也许吧'。"当我刚刚说完这句话后，就像是证明一样，他通常会马上跟一句："也许吧。"于是哄堂大笑。他们很少肯定地回答问题，一个是因为肯定地回答要承担责任，那对他们来说太不安全了，另一个原因是他们永远都处在一个怀疑的状态，没有百分百的把握他们不会肯定地回答。

一次"身心能量整合疗法"的课堂上，学员张晓莉主动站起来向我咨询。她说自己的后背一直很疼，尤其看到我在课堂上处理其他学员的问题，她感到自己也经历了一次洗礼，受触动之后后背就更疼了。其实疼痛很多时候是在提醒我们需要注意自己的身体和心理健康了，也是我们疗愈的开端。每一次上课，我都会在课堂上挑选一些学员做现场处理，而每一次的处理，都会调动和释放很多能量，所以课堂上的心理能量场是非常有利于疗愈身心问题的。这会让很多即使没有被现场治疗的人产生共鸣，有利于发现自己的问题并得到治愈。

当我检查张晓莉的身体时，发现她的后背是完全弓起来的，腰部又是塌陷下去的，违背了正常的生理弯曲。这说明她很可能是思虑型。而她能如此主动地提出问题，我想她的困扰一定很大了。

"能跟我们讲一讲你心里经常想些什么吗？"我通常都是以一个开放性的问题开始我的治疗。

张晓莉沉默了一会儿，才缓缓地说："我很小就会打算自己将来的生活。"

"从小你就在规划自己的人生，因为没人能帮助你，是吗？"很难想象一个小孩就要为自己的将来负责的情景。

"是这样的。"

"你小时候跟谁长大的？"

"爷爷奶奶。"张晓莉的肩胛部是塌陷的，这里的缺失代表她童年时父母养育的缺失，所以我猜测她不是跟父母长大的。这个问题显然触动了她的心事，她开始抽泣。

"你能告诉我你的眼泪代表什么？"

没有回答，隐忍的抽泣一声声传来。

"你可以哭出来。"随着我的鼓励，哭声渐渐清晰起来。

"我们通过认识人的身体来认识到这个人是怎样长大的。她的整个生理弯曲是变形的，这是个很苦命的孩子。在很小的时候没有和父母在一起，而且她父母的感情很不好。是这样吗？"

"他们两个是经常吵架。"张晓莉的回答印证了我的话。

"他们两个经常冲突。是吗？"

"对。"

之所以知道她的父母之间有冲突，是因为她的脊椎不但生理弯曲变形了，而且还形成了脊柱侧弯。我们左半个后背代表和母亲的关系，右半个则代表和父亲的关系，当父母的关系是高度冲突、紧张的，并且这种冲突长期严重影响着我们的情绪时，我们后背左右两侧的肌肉、韧带和经络就会不同程度地紧张起来，体现出来就是脊椎在这两股对抗力量的冲突与纠结中侧弯了。所以说我们的身体是父母关系的写照。在我们五行家庭系统中，父亲属火，代表天，而母亲属水，代表地。当天地经常激烈地冲撞，可想而知孩子一定长期处在紧张、焦虑、惊恐之中，这种性格特征往往会伴随孩子一辈子。

"你能告诉我你经常都想些什么吗？"虽然这个问题在一开始就提出了，但张晓莉的回答并没有提供咨询所需的线索，所以我又一次追问。

这次她没有回答，思虑型多半都是多疑的人，她大概也在揣测我再一次问她的用意。

"虽然你在规划人生，你找到自己的家了吗？"我直接点出了问题所在。

"没有，我一直在找一种让自己很安全的感觉。"她开始碰触"安全"这个词，这正是我需要的。

"现在什么感觉？"我一边按着她的肩胛部位一边问。

"安全的感觉。"她轻轻地回答。其实不是我给她安全的感觉，而是肩胛这个部位通常与父亲和母亲相联结。只有她重新建立起与父母的联结，才有可能找到安全感。这个世界是否安全？他人是否能够信赖？每个人的答案截然不同，这些基本的信念，形成于我们生命最早的几个年头，也就是我们对家庭的感觉和与父母的联结。弱小的孩子只能从养育者那里获取安全感，肩胛处塌陷源于和父母联结不良，代表着安全感的缺失，并成为性格中焦虑与紧张的发源地。

"我现在问你一些问题，如果你有情绪，可以哭出来，想说什么也都可以说出来，可以吗？我们一起做一件事情，我们一起去穿越一下你的人生经历，看看你是怎么长大的。你还记得你小时候是什么样子的吗？"我按摩着她的背部。

"挺平静的。"她平静的声音下涌动着巨大的情绪暗流。

"你还记得爸爸妈妈把你送走的过程吗？你还记得那个孩子会经常想什么吗？现在你在内心和那个孩子做个联结。你可以回到很久之前，去看看那个孩子。你还得四五岁时发生了什么吗？"我开始按摩她尾椎及腰椎的位置。她开始了哭泣。

"告诉我，你看到了什么？"精神分析学派认为性格的主要特点在六岁之前就形成了，而《黄帝内经》讲"腰为肾之府，肾主惧"，所以腰这里储存着人的不安，而骶椎又对应着三岁以前的经历。这个地方如果摸上去是干瘪的，说明生命早期缺乏妈妈的的爱和陪伴，不安的感觉也就无时不在，特别强烈。

"一个孩子在干活儿，洗衣服。"

"你做一件事情，走近那个孩子。"

她不回答，我感觉到了一股力量，推开我的力量。

"你能走近她吗？"

"我不行。"

"因为你们之间有一堵墙，她谁都不会信任的，她也不会信任你。是吗？"

"是。"

"这个世上你最信任谁？"

没有回答。信任对于思虑型来说是最困难的一件事。

"能告诉我吗？"

"没有。"

"这个世界上没有可以信任的人，是吗？你能看到这个孩子在一个空旷的地方，她在看着你。她经常问自己'我来自哪里'，是这样吗？"

"是，我是谁？"

"是，我为什么要来这里？她很害怕，因为她找不到自己。她自己是不存在的，对吗？"

"对。"

"知道她在等谁吗?"在我提问的时候,张晓莉忽然支起身子,向旁边的助教要纸巾来擦鼻涕,这又是一个信号:她在推开我。"不要管你的眼泪也不要管你的鼻涕,"我把手放在她头上,继续说,"今天,我们在陪伴着你,我们去找回你自己。你愿意吗?"

"愿意。"

"我们去看看那个孩子她在等谁,你试着走近她,好吗?"

沉默,依然是沉默。我明确地知道,这种沉默意味着阻抗。阻抗是心理治疗中常遇到的情况,它是个案对自己的某些情绪或经历的回避。产生阻抗是因为个案加强了自我防御,而对于咨询师来说,这往往也证明找对了治疗方向。人的心理跟人的身体一样,遇到疼痛就会收紧,条件反射般离开那个使自己疼痛的物体。而疼痛恰恰意味着改变的必要性,在阻抗产生的地方常常潜藏着转折性突破口。

"我们共同做一件事情,我在陪伴着你,帮助你,我们共同走近那个孩子。可以吗?"

还是沉默。

"你能吗?告诉我。"我需要穿越她的阻抗,穿越她的人生,带她一起。

"我不敢。"

"那个孩子在看着谁?你能知道吗?"

还是沉默。我一直认为每个人心中都住着一个孩子,有的理论把它叫做内在小孩。这个内在小孩决定着我们成年以后的生活习惯和行为方式，而众多的心理问题和身心疾病的起因都和这个内在小孩的缺失有关。所以在我的治疗中，我常常会带个案穿越自己，去接触那个内在小孩，看看它的需要，满足它的缺失，从而在内心深处开始自发的疗愈。但是张晓莉却不愿意接触她的内在小孩，她一句"我不敢"里包含了多少辛酸和疼痛啊。

"你还记得你的妈妈吗？"

沉默。

"还记得她吗？"我追问道。妈妈是每个人心中力量的源泉，也是我最常借用的资源。

"记得。"

"如果妈妈在你面前，你想和她说什么？讲出来，把你最想说的话讲出来，我在陪伴你。"

沉默！

"和妈妈讲出来。"

沉默！！

"喊出来。"我示意助教握住她的手，给她一些力量。

她终于开始哭泣。

"喊出来，那是一句什么话？"

"我想告诉你，'我才是孩子。'"声音还是很轻。

思虑型通常都有很强的不安全感。强烈的不安全感会导致两种结果：

一种总是要行动，在创造中抵抗着焦虑与紧张；另一种则缺乏行动力，容易陷入抑郁，在抑郁中哀叹着自己的焦虑。像张晓莉，她的臀部是干瘪的，这种人通常都很缺乏行动力。由于缺乏足够的能量，他们在治疗的初始阶段很难有勇气去面对过去的痛苦和童年的恐惧，所以阻抗会显得很严重，"沉默"、"看不见"和"不知道"是他们最常见的回答。我很清楚，此时需要咨询师有更多的耐心，通过轻柔的按摩和温和的引导，让她感到安全和受保护，再和她一起找到内心能量的源泉和问题突破口。

"喊出来！'妈妈，我才是孩子。'"

"妈妈，我才是孩子。"

"'我需要你照顾'，喊出来！"

"我需要你照顾。我不想做你的妈妈！"

"妈妈是个小孩子，是吗？"

"恩。"

"爸爸呢？"

沉默。看来爸爸也是一个难题。

"你看着爸爸，你想和他说什么。"我很希望她能自己说点什么，她自己的话最有力量。但是她不开口。我只好继续带领她："你可以这样和他讲吗：'爸爸，我很无奈'？"

她很犹豫地回答一个"嗯"，看来很多的情绪都被她压抑着。

"你做了爸爸妈妈的妈妈，是吗？"

张晓莉一边哭一边又试图爬起来擦眼泪。

"不要管你的眼泪，让它继续流，你能和自己在一起吗？"思虑型通常会在无意识中希望留给人们一个好的形象，他们比较介意自己的表现，所以她不停地去擦眼泪。但是现在正是打破她固化模式的好时机，让她开始感觉跟自己在一起，而不需要去向外界索求，"你能做到吗？如果你做不到，我们就无法帮到你，你愿意做下去吗？"

"我愿意。"

"告诉我这个世界上谁能帮你？"

"自己。"这是个标准答案，但从她回答的速度看，这个回答来自头脑的反射，但并非出自内心。

"我们现在可以帮助你，你愿意吗？"

"嗯。"

"我们在拉你的手，你已经长大了，而且你非常有力量。你有这样一个经历，你照顾着你的爸爸和妈妈，你是一个很棒的孩子。我相信你有力量自己站起来，走自己的人生。我们现在陪伴着你，去回顾你的过去，因为一个孩子需要帮助，她就在那里等你。我们回去看看她，可以吗？"

"可以。"

"你去做一件事，我们陪伴着你一起做。去看看那个孩子，好吗？"内在小孩得到爱和关注是疗愈的根本，如果张晓莉无法去到自己的内心，那么她所有的改变都只会是表面文章。

"你进入内在,和自己在一起。我们看着那个孩子,没人能走近她,在她的周围有一堵墙,她拒绝一切,我们共同走近她,可以吗?"

很小声的"嗯",我知道她在努力了。

"我们轻轻地走近她,不要吓到她。我们看着她的眼睛告诉她,我们来帮助你了。"

不均匀的呼吸告诉我,她在努力了。

"你一步一步走近她?走近了吗?"

……

"你能拉住她的手吗?你拉住她的手。"我不断鼓励她,"不要怕。虽然很艰难,但我们和你在一起。蹲下身子,拉住她的手,我们在保护你,你对着这个孩子要说什么,说出来。"

她的背部在剧烈起伏着,一种强烈的紧张通过她的身体传递到我心里。

"做一件事情,用尽全身力气,喊出来:你不孤单!"

"你不孤单。"声音怯怯的。

"喊出来!"

"你不孤单,你不是一个人。"

"把她抱在怀里。"

泪水决了堤,倾泻而下。

"哭出来吧,让她在你的怀里哭出来。用你所有的力量,把你的眼泪流出来。"此时我只轻轻地按摩着她的肩胛,我期待着这泪水能冲垮她的防线，冲垮困住她内在小孩的那道墙。但是很快哭声就低了下去。

"她在和你讲什么？"我轻轻地问。

没有回答。

"她什么都没讲，是吗？"

"嗯。"

我的心慢慢地沉了下去："你能感受到她的心是什么样子的吗？"

依然没有回答，很明显，那道墙依然阻隔着她自己和她的内心。我试图再次引领她："你感受一下，你跟她讲：'我很爱你。'"

"我很爱你。"

"我长大了。我能够保护你。"

"我能够保护你。"

"告诉她：'我不再离开你了。永远和你在一起。'"

"我不再离开你了。永远和你在一起。"

"你告诉她：'来，我和你一起长大。'"

"我带你一起长大。"她在重复我的话，但仅仅只是口头上的重复，没有内心的感受，这也是阻抗的一种。看似她在很快地向我希望的方向进展，但这种进展却是在掩饰，掩饰她不想碰到的东西，她建起了一圈长长的围墙，完美得让你几乎找不到门在哪里，我只能依靠我多年的经验去试探，于是我对她说："你告诉她：'我带你回家。'"

张晓莉的沉默告诉我，我已经来到了门边。

"你再告诉她：'我带你看看我们的家。'"我再一次确认门的位置。

张晓莉再次陷入了沉默。

"你想带她去哪里？"好吧，如果你不想走进这扇门，那么你想怎么办呢？我只能如实问她。

"在路上，空旷的路。"她的回答让我心痛，一条空旷的路，意味着什么？你永远无法在空旷的路上找到安全感的！我心里几乎是对她在呼喊了。

"那是你要的路吗？"我努力使自己平静下来，慢慢地带领她走向那扇门。"你可以带她回家吗？"

她开始抽泣。

"你拉着她的手，不要压抑自己，想哭就哭出来，你可以把这些年所有的委屈都倒出来。哭出声音来，你可以的！"她在犹疑地看着那扇门，仿佛是在害怕门后的什么东西，而我感觉到那种害怕很有可能会让她止步不前。

"你在和她讲什么？"我尽量不惊扰她跟自己内在小孩的对话。

"我想让她看看自己的路，她说感觉到冷。"

"你想和她说什么？说出来！"

"你不会感觉到冷，因为我和你在一起。"这句话是那么苍白无力，她和那个孩子隔着厚厚的围墙、厚厚的门，她都无法触及她，那个孩子又怎么可能感觉到温暖。

我不知道她这句话是不是在讨好我，经过观摩别的个案，她已经了解了我的工作方式，她试图顺着我的思路走，可这不是我要的，我不是要作为一个咨询师的成就感，而是要她真真实实地面对自己，所以我无情地问："看到了吗？她很冷。"

"是。"她艰难地承认了。

"你看着她。她告诉你她有个渴望，可是你没有听到，你不理解她。你知道她有什么样的渴望吗？"

她没有很快作答，她很认真地想了一会儿，说："我不知道。"

"你能理解她吗？你虽然强行走近了她，但是，你看着她的表情，她高兴吗？"

"她……"她大概在考虑措辞，她一方面不想违背自己的感觉，一方面又觉得必须给我一点儿交代。可是我不需要她的交代。此时我的挫败感与她的痛苦相比，不值一提。她只需要面对她自己，如果她不能，我就得帮她一把："她不高兴，是吗？"

她又陷入了沉默。

我想她在那个孩子的年龄肯定遭受过严苛的训练，被禁止表达自己内心的真实想法，所以她就渐渐失去了表达自己真实想法的能力。我只好再次替她表达："她在跟你讲什么？她说她不想跟你走，是吗？"

"是的。"

"你能蹲下身子看看她的眼神吗？你能真正去理解她吗？你想不想这样做？或者你根本不想要她？你看看她，她现在很冷。"

哭声时断时续。

"你慢慢蹲下身来，蹲在她面前。"

哭声还在继续。

"告诉我你的心里话，你想帮助她吗？"我此刻都有些怀疑她刚才站起身时的决心了，如果她不下决心改变的话，我其实做不了什么。

"我想帮助她。"

"你能去理解她吗？"

又是沉默。

"她需要的是理解，而不是你带她走。我们共同去陪伴和理解她，你愿意吗？"我一次又一次地帮助她的内在小孩发出声音，这是我在做治疗时很少做的事情，因为咨询师说出来的话，远不及个案自己说的话有力量。但这时我也顾不了这么多了，我希望能帮她打开那扇门，那个突破口。"你蹲下身子看着她的眼睛，她期待的是什么？"

长时间的沉默让我决定再推她一把："她恨你，你知道吗？"

"嗯。"

"你看着她，看看她在讲什么。"

"她想回家。"这个回答让我看到了希望。我紧紧抓住这来之不易的希望，继续追问："对，她想回家，而你拉着她走开了，离家越来越远，你为什么要这样做？"

沉默。

"你在恨你的妈妈,也在恨你的爸爸,是这样吗?"我又用尽量轻柔的语气说出这句话,因为我知道这句话的分量。果然,张晓莉的呼吸变得很急促,情绪开始激动,我大声鼓励她:"讲出来,讲出来!"

"是。"语气的强度跟她呼吸的急促程度不相配,她还是在压抑着。

"把你的愤怒喊出来。"我再一次鼓励她。

"孩子想回家。是吗?"我给她时间,可是她却只给我沉默。

"我们带着孩子去看看妈妈和爸爸,可以吗?"

"嗯。"完全没有抗拒,意味着最大的抗拒!

在我二十多年的治疗中,多数个案都能在很短的时间内有明显的改善,当然也有进展不顺利的,就像这次的张晓莉。我和所有咨询师一样,热切期盼着奇迹发生在每一个来访者身上。但是,我清醒地知道,我的课堂不是我个人能力的秀场,更不是展现奇迹的舞台,而是要向大家展示爱的阻滞与流动。爱是如何被阻滞的,又是如何流动起来的,这是自然规律,我每次遇到的情况都不一样,这个自然规律如何呈现并不能由我来驾驭,我只是让它呈现。张晓莉所呈现的就是一个不多见的严重阻滞,而这对于在场的学员来说,意味着更丰富的人生经历在他们面前展现。

于是我对大家说:"大家知道她内心的冲突是什么了吗?孩子是很想回家的,是很希望找到爸爸妈妈的,然而她却要拉着孩子去离开爸爸妈妈。她的内心在纠结,她有两个我。"

这是我与张晓莉的初识,除了开课前的自我介绍,我对她一无所知。

我摸到她肩胛和腰椎都是塌陷的，所以我能了解在她的成长过程中有着很深的缺失，父母支持的缺失。但是我不知道她所经历过的每一件事，我不知道是什么样痛苦的经历令她如此决绝地封闭着自己，我只知道，如果我打不开这条通路，她的改善会是很有限的。她有很多压抑的情绪，而又无法表达出来，比如对小时候生活经历和家庭氛围的不满，对双亲的指责和愤怒等，而这些情绪都被埋藏了起来，进而成为她人生的背景色彩，阻碍她进一步看到生命的真相，而要做彻底的改变，形成更加成熟完善的人格，我们必须打通张晓莉和这些原始情绪的联结。正如中医所讲"通则不痛"，淤堵的情绪一样会使我们产生各种生理与心理的病症。我决定做最后一次努力，以我最强势的方式带她去看看她内心的那个孩子，于是我对她说"你愿意满足孩子的希望吗？"

"嗯，我很想满足她的需求。"

"你很想满足她的需求，真的是这个样子吗？"在所有的心理咨询技术中，这种赤裸裸的质疑都会被提示使用时一定要慎之又慎，因为它有可能引起来访者更强烈的阻抗。这也是我最强烈的方式了。

"我有点不知道怎么做。"她还在躲闪！

我已经感受到她内在小孩的悲伤和愤怒了，这个情绪传递到我心里，但是我不能让它表现出来，整个过程中我已经说了太多，事实上，我不是个案的代言人，我不是答案，我不是解决问题的办法，我什么都不是，我只是指向月亮的那根手指，要不要看到月亮完全取决于她自己。所以我一方面体验着她内心强烈的冲突,一方面尽量平静客观地在一旁为她指路。"我不需要你怎么做,你能真正跟着孩子的感觉走,去理解这个孩子吗?"

可是回答我的还是沉默。

"你能不再强迫她吗?你能去问问她在想什么吗?"我再往前逼了一步,我很少在治疗中采用这么强烈的措辞。

依然是沉默。

"你慢慢放松下来,放松,呼吸。你能看到这孩子吗?告诉我。"我往后退了一步,既然向前无法让她打开心扉,那就向后一步试试。

"我看到的是一个更大的孩子。"

"多大的孩子?"我眼睁睁地看着她缩了回去,不甘心地追问道。

"大概十几岁吧。"

这个回答让人很气馁,它意味着通向那个更小的孩子的心门被彻底关上了。"你还记得那个小孩子吗?"我还在努力地敲着那扇门。

"记得,我能看清十几岁的我,那个小孩子看不清。"

"你沉静下来,我们去看看那个孩子好吗?"是我用力过猛了吗,我再退一步好不好?请你把门打开,请你相信我,打开门你才能来到安全的世界。可是回答我的还是沉默。

我抬起头来,对所有学员说:"大家知道她在和谁对抗吗?"

"和自己。"所有的人都看到事实,唯独她自己不愿意睁开眼睛。

"是的,所以她的脊椎形成了很明显的变形。"我再次低头问她:"我们做一件事情，如果你不能做我们就停下来，你愿意吗？"

"我愿意。"回答很快，这样快速的回答仅仅来自良好训练的条件反射，而非出自内心。

"我们回去看看那个孩子，你沉静下来。"我还在撞那扇门。可是里面一片沉寂。"你还记得她吗？"

"记得。"又是条件反射式的回答。

"那你不愿见她，是吗？"

"我想看看她。"所有的人都能听出她的口不对心。

"你回到当初那个时候。你看到的是几岁的孩子？她是什么人？"我停了一下，又补充说道，"你能走近她吗？试试看。你看得到她吗？"

"我看得到脸。"紧闭着的门似乎打开了一条缝。

"你能走近她么？你问问她需要什么？"

"她需要家。"这条缝又被我挤开了一点。

"你能给她吗？"

"我要带她回去。"

"你能带她去看看爸爸妈妈吗？"

"好。"

我担心这又是一次口不对心的回答，于是追问道："能做到吗？"

"能。"她给了我一个无比肯定的回答。

"我想知道她在和爸爸讲什么。"我停顿了一下问道。

她的呼吸急促起来，声音也变得很大："她需要父亲每天陪她！"她几乎是用尽全身的力气喊出来的。

"讲出来，把所有的话都讲出来。可以吗？"我终于看到门缝里透出一丝光。

"我需要父亲的爱。"

"你对父亲有很大的怨气，你现在讲出来。"

她停顿了。

"讲出来，你不要有顾虑，我们希望你讲真话。"我不断地鼓励她。在中国人的传统观念里，去指责父母是不对的，古话说"天下无不是的父母"，这句话表述父母的生育、养育之恩是对的，不过在心理咨询中也有句话"天下无无不是的父母"，即所有的父母都曾带给过孩子创伤，因为所有的父母也都是没有成长好的孩子。其实，所有的人，正如约翰·威尔伍德所说，都是"盛载完美之爱的不完美之器"。我们强调对父母要尊重，同时也要尊重父母的局限，从心里接受这个局限。但是很可惜，很少有人能做到这一点，对父母带给我们的创伤，我们的选择一般是压抑，在我的咨询中，首先要清理的就是这些被压抑了的愤怒和抱怨，只有这些情绪得到关注，得到认同，我们才有可能转回身看到父母身上的完美之爱。所以我一再要求张晓莉把自己的不满讲出来。

"我觉得每天家里都没有人陪我。"声音显得有些飘忽。

我转向大家："大家听她的声音有力量吗？"

"没有!"此刻没有老师和学员之分,每个人只要打开了自己的心灵都可以听到另一个心灵的声音。

"是的,她没有力量。"我尽量温和地问她:"你愿意改变吗?"

"我愿意。"声音坚定一些了,开始有些力量了。

"你愿意做什么?"我能感觉到她的身体有所改变,但是力量还没有上来,她还陷在自己的纠结当中。我也能看出她挣扎得很辛苦,但还有一些她不愿意面对的东西在阻碍着她。

"我不忍心。"她带着哭腔说。

"我希望你讲出来,看着你的父亲。有一句话你一直在压抑着,你没有讲出来。"我用我全身的力量传递给她最大的支持。

"我有点不忍心这么说。"

"我希望你讲真话。"

又是沉默,但她的身体告诉我,这个沉默是值得等待的。

"如果你不愿意,咱们就可以结束了。看着你的父母,把心里话讲出来。"

"我觉得我对你们有很大的抱怨,我觉得你们不够爱我,我觉得你们一直把我当成一个动物在养,我觉得我是一个人,我觉得你们应该像对待一个人那样来对待我。"她的声音从低到高,语气从平和到激昂。

"讲出来,把要讲的话都讲出来。"我大声地鼓励她。

"不要把我丢给别人不管,你们有责任养育我!"

"看着爸爸妈妈的眼睛。还想讲什么?"

"我不想伤害你们。"她哭喊着。

"'爸爸妈妈我爱你们，我不想伤害你们'，是吗？"多么善良的孩子啊。

"我不想伤害你们，我爱你们。我需要从你们那儿得到成长的力量。希望你们给我养分，我需要成长，我需要你们传给我能量。"

"你走近你的父母，你能走近他们吗？"

"我看到我父亲眼睛里有眼泪。"

"你走近父亲，对他说：'求求你。'"

"求求你，求求你抱抱我！"哭声越来越大。

这时助教们拉住她的手，轻轻地说："爸爸在这儿……妈妈在这儿。"希望可以传递给她更多的能量。

"哭出来，你可以哭出来，把眼泪流出来，向爸爸妈妈说出你所有的委屈。"我期待着这阵暴风雨后的初晴。通常说来最初无法言表的宣泄之后，会有很多具体事件被带出来，我希望张晓莉也能把那些具体的事件都说出来。但是她仍然倔强地保持着沉默。于是我换了一个策略，我告诉她在心里讲也可以，只要她能重新面对那一切就好。《感恩的心》在会场响起，渐渐地，我听到很多学员的啜泣，是的，父母是我们最初与这个世界的联结，也是我们心中最深的痛。

"你需要爸爸妈妈为你做些什么，讲出来。"我希望张晓莉能明确提出她的要求，这是改变发生的必备条件。

"爸爸妈妈，我希望你们把我还给我自己，我希望你们管我。我需要你的爱，我需要你承担起妈妈的责任，我需要你成长，你不能是个孩子。"

"你告诉妈妈，妈妈我长大了。"

"妈妈我长大了，我长大了！"

"但我知道你是我的妈妈。我只是你的女儿。我接受你是我的妈妈，你给我了生命。给了我生命的同时给了我这样一个命运。我接受我自己的命运。"我引领着张晓莉做这番告白，我每说一句，她就重复一句。我能感受到她重复的时候还有着一些不甘愿，其实不是她妈妈需要听到这番话，而是她自己需要听到这番话。我们每一个成年人，每一个带着童年创伤长大的成年人，心中都或多或少地带着对童年事件的怨和恨，这些事件也铸就了今天的我们，我们当然可以说"如果当初不是你们……"，但这些话说一千遍一万遍也没有用，除非我们接纳自己的命运，除非我们愿意从今天起承担起自己的命运！

后来我了解到，在张晓莉四岁之前，她妈妈曾生下了两个弟弟，但都不幸夭折了，妈妈面对这样的打击只是哭泣，张晓莉昼夜陪在妈妈身边，为妈妈端茶送水，安慰妈妈，可她还是不能幸免于被打上"命硬、剋家人"这一标签，最终被送到爷爷家。爷爷家的小堂弟对她百般欺负，叔叔婶婶也没有好脸色给她。在她上初中后被接回家时，她已如惊弓之鸟，父母的任何一点脸色都让她惊恐不安。是的，在这个不幸的成长过程中，张晓莉无疑是受害者，在她还没有能力去抵抗不幸的时候，不幸就发生在她身上，于是她被动地形成了一个信念：这个世界是不安全的，所有的人都是不可靠的！在这个信念的支撑下，她发展起了强大的自我防御机制，她顽强地"靠自己活着"。这个办法帮助她渡过了最初最艰难的时光，同时她也阻隔了自己的情感，阻隔了对父母的期望，没有内在的爱的支持，她便如无水之鱼，整天沉浸在绝望与焦虑之中。

我知道，在这个绝望与焦虑之中，张晓莉埋藏着对父母深深的怨恨，我也知道，我无法在一时之间让这些冰释，我只希望她能明白，当初她没有选择，只有靠这样的阻隔维持正常的生活，而现在她有了能力，她有了选择，她可以选择继续恨父母，也叮以选择把一切放下，以现在的眼光重新打量这个世界，她以后的生活完全取决于她自己现在的选择。

我最后引导她向父母道谢，不管怎么样，父母给了我们生命，哪怕我们这几十年所做的事情都是站在这里埋怨他们，但我们之所以能够埋怨他们，也是因为他们给了我们生命。生命就是一个起点，为了这个起点，他们就值得我们尊重与感谢。然而很多事情不可能一蹴而就，就像张晓莉，她其实并没有做好改变的准备，她只是想告诉我们，她是一个多么可怜的孩子，她希望能在我这里得到认同，得到印证，希望从我这里得到力量，可以更心安理得地去指责父母，把自己今天的一切都归结到他们身上。可这不是我要做的事情。心理咨询最终指向人的成长，而这个成长很大一部分意味着自己做出选择，自己承担责任。不过就张晓莉而言，她这一步已经算是走得挺远了。时机未到就是未到，我不能因为追求课堂效果而去伤害她，而且我也相信，这次经历会让她看到另外一条路，她现在可能对这条路还有怀疑，但我相信，改变一定会发生。

◆**怎么吃都不长肉——思虑型的外在表现**

思虑型的人体形消瘦，脊椎呈弓形，肩膀内扣。他们后背脊椎两侧的韧带组织会像琴弦一样紧张。长久以来的不安全感和恐惧感，使得他们的神经总处在紧张状态，于是肌肉和韧带也都随之越来越紧张。这样一年一年过去，他们的身体渐渐形成了一个不能伸直的弓形。而且，他们都很瘦。由于多虑，他们把80%的能量都消耗在了思虑上，使得身体没有多少能量和营养用于储存肌肉和脂肪，于是，他们不论吃多少都是个瘦子。另外，他们每天睁开眼睛就在想事，而且想的大部分都是危险。逐渐地，心理上的焦虑加重了肌肤的敏感，于是他们的皮肤也开始慢慢变得不好，不时会出现湿疹，甚至出现牛皮癣。

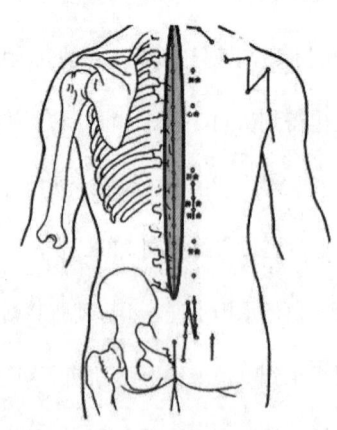

当然，同样是思虑型，所表现出来的外在行为也会有不同，有的人"劳于心"，而有的人"劳于力"。比如，有的人每天都想很多，但做得很少。因为行动是需要动力的，当他想到的危险太多时，就会觉得每走一步都有可能付出不能承担的代价，于是就陷入左思右想的焦虑当中而不敢行动。而有的人则因为焦虑就不停地做这做那，希望把所有能想到的危险都解决掉。这两种思虑型的显著区别就是臀部肌肉的形状。第一种人的臀部是干瘪的，腰部是坚硬板结的，也就说明他们的肾是虚弱的。当一个人的肾能量不足时，他就失去了创造力，陷入纠结的焦虑和恐惧当中了，这样的人易患抑郁症。而后一种因焦虑而行动的人，臀部肌肉丰满，腰部的韧带和肌肉松软，这样的人虽然也有很强的不安全感，但他们还有能力解决问题，有很强的创造力。因为臀部和腰部代表肾的能量，如果臀部和腰部的能量充足，经络通畅，人就会有创造力。

◆没有安全的世界——思虑型的内心世界

人生下来的一刹那就开始了恐惧。我们在妈妈肚子里的时候是那么安全、温暖，在那狭窄、黑暗而温暖的环境中我们形成了生命。妈妈用整个生命与我们联结，让我们感到那么舒适、自在，让我们慢慢发育成人。十月怀胎，一朝分娩。忽然，我们离开了本来和自己是一体的妈妈，离开了那个温暖、安全、黑暗、狭窄的地方，来到这个明亮、宽敞、寒冷的世界，我们被吓坏了，于是大哭着寻找一个属于自己的地方，寻找一个能让我们觉得安全的地方。妈妈看到一个新的生命从自己的身体中产生，欣喜若狂地把我们紧紧抱在怀里，忘记了刚才的疼痛，也忘记了所有的辛苦。妈妈小心地把我们温暖在她的爱里。我们又听到了那熟悉的心跳声，又感觉到了那份温暖，于是，我们安静了。我们此时觉得自己还是和妈妈一体的，认为"妈妈是属于我的"。

随着我们慢慢地长大，忽然，我们觉得妈妈不只属于我，她还属于爸爸，属于哥哥、姐姐，属于很多人。于是我们感到困惑，感到痛苦。又过了一段时间，我们发现爸爸妈妈并不是在无条件地关注我们，而且他们很忙，有时甚至会忘了我们。当我们仔细观察他们的时候，发现爸爸妈妈也不是无所不能的，他们也有很多的无奈，有时，他们比其他小伙伴的爸爸妈妈差远了……

有一天，我们长大了，出去和其他的小朋友玩，并且和其他的小朋友发生了争斗，可是无论我们是胜利了还是失败了，都会被爸爸妈妈训斥——他们告诉我们：不能惹是生非，我们家没有别人家强，我们没有能力保护你，咱们家世世代代都是老实人，我们没本事，只能少惹事。于是他们高大的形象破灭了，从此，我们要学会自己保护自己，要小心从事。我们慢慢地成为观察者，学会了远远地观察世界，而不去靠近它，因为有危险！我们的头脑越来越发达，我们经常用逻辑推理分析这个世界。

这就是思虑型从小到大的故事。

在思虑型的认知当中，这个世界是不安全的，而且自己是不被保护的。

他们认为：要想安全，就要把一切的危险都考虑到，并且提前避免所有的危险，提前解决所有的障碍。于是他们总是时刻警惕，及时发现困难和危险。他们的格言是：智者千虑必有一失。

思虑型的父母通常都是谨慎而胆小的人，每天也都是在小心地活着。于是孩子也慢慢学会了父母的谨慎，无论在家里还是在外面，每天都在担心自己能否安全。久而久之，安全便成了思虑型一生最重要的功课。他们养成了一个习惯，每天都思考着如何回避危险，因为他们的内心一直有这样的声音："爸爸妈妈没有能力保护我们，所以我们要处处小心地保护自己。"多思便成了他们的习惯。他们总是觉得压力很大、很累、很紧张。他们总是闲不下来，因为他们一旦闲下来就会被莫名的焦虑和烦躁包围。他们总是匆匆忙忙。他们的年纪不大，却总是弯腰驼背，他们的肠胃消化功能一般不太好，很难和自己的感受去联结。他们一般不流眼泪，眼泪总是留在心里。他们习惯于忍受压力，然后给压力一个合理化的解释。合理化是他们解决问题的常用方法。

在家庭中，父亲给孩子带来安全的感觉，而母亲给孩子带来被爱的感觉。孩子如果在生长过程中得到母亲充分的爱，就会产生信任的品质，还有创造的力量，这样的孩子具备很强的行动力。反之，如果孩子没有得到足够的爱，在身体上就会表现为臀部干瘪，这样的人免疫力不够强，因为臀部影响人的免疫系统，在中医里这个地方叫"太阳丛"，是巨阳经的汇积点。太阳经承载身体的卫气，是人体的自我保护之气。当我们这里的能量不足时，我们的自我保卫能力就会降低。它又代表肾之阳气，阳主动，代表我们的创造力。所以当我们卫气不足时，创造力也会降低。

我们的腰部代表父亲的支持，和父亲给予的安全感。中医里讲"腰为肾之府。肾其志为恐。恐伤肾。"孩子在三四岁的时候会和父亲联结，受父亲强大的父爱和男性力量的影响。孩子会感觉父亲是无所不能的，会有力量保护自己，我是安全的。当孩子长大一些后，会觉得父亲能为家里带来充足的财富，正因为有父亲我们才会衣食无忧，我们才会有足够的财富活下去，于是孩子建立了生存安全感。反之，当孩子觉得父亲和我是有距离的，并且父亲是不爱我的，父亲不能保护我，或者觉得父亲是没有能力的，他还不如妈妈有能力，他不但保护不了我，连他自己都不能保护，家里的经济状况都要靠妈妈来维持，我们才能勉强活下去，这时孩子就失去了安全感，长期为生存担忧、焦虑，他们要自己来创造财富和躲避危险。

中医里有这样的理论，长期恐惧、久居湿地者伤肾。在父亲那里得不到安全感的孩子，久而久之，腰椎两侧的组织就会变得板结而塌陷。生存安全感的缺失有时会形成创造的动力。他们因为恐惧而创造，会把创造的动力发挥到极致。所以世界上很多有大成就的人都有缺失父爱或安全感不足的成长经历。比如美国苹果公司联合创办人、前行政总裁史蒂夫·乔布斯，他从小就是一个"无名婴儿"，他的母亲是个未婚妈妈，在生下他之后便把他托付给了一对夫妇收养，这对夫妇就是保罗·乔布斯和克拉拉·乔布斯。虽然养父对史蒂夫的关爱并不少，但这种关爱在一定程度上仍是缺失的。他从小就很淘气，总是做着与常人不同的事情。他在邻居的摄像机前面做鬼脸，骑着三轮车对街坊四邻大喊大叫，他还看了很多不健康的电视节目，他与同龄的伙伴们格格不入，他的一位同学在多年后回忆起史蒂夫时这样描述他："他是一个孤单的、爱哭的男孩儿。"史蒂夫与他的这个同学参加过同一支游泳队，这也是他参加的为数不多的体育运动。"如果比赛失败了，他会自己跑到一边哭泣。他和别的同学很难相处，在中学时史蒂夫也因矮小、瘦弱的身材和奇怪的个性而被同龄人排斥。"可正是这样一种强烈的不安全感，让他不停地追求与众不同的东西，并造就了他性格上的倔强和不服输。每个人应对不安全感都有不同的表现，没有力量的人在不安全时会选择逃避或与世隔绝，甚至郁郁寡欢、怨天尤人，而有力量的人则采用一种补偿的行为，寻求突破、发展和创造。

然而，无论他们是选择创造，还是选择抑郁，他们都有一个共同的特点，即会因为恐惧而饱受折磨，陷入焦虑而不自知。因为长期的焦虑，他们会失眠，会得胃病和皮肤病（比如神经性皮炎），会因长期忘我的高强度、长时间工作而心脏猝死，会因长期紧张而形成神经症（比如焦虑症，恐惧症），还会出现多种自主神经紊乱的现象。

◆自我调节：假如你是思虑型

深度觉察：最坏的结果是什么

对思虑型来说，自我调解非常重要。健康掌握在自己手里。"知己则明，知人则智。"健康是一种生活智慧,也是一个认识自己、认识生命的过程。成长就是充分地认识自己,找到自己需要改变、提升和完善的部分,比如改善自己的焦虑情绪。

如果你是思虑型,那么在你的眼中世界是不安全的,而且这种不安全是弥散性的,遍布生活的每一个角落。的确,对于一个几岁的孩子来说,父母的忽略有可能带来灾难性的后果。可是随着我们年龄的增长、能力的增长,其实很多事情我们已经可以很好地应对了,那个无时无刻不在的焦虑已经没有存在的必要了。这就好像我们经过了一个漫长的寒冷的冬天,在这个冬天里,棉大衣是我们最好的伴侣,它让我们免于受冻,让我们能在严寒中生存下来,不过时过境迁,我们虽然对这件棉大衣有着无尽的依赖和感激,但当春天到来的时候,我们还是应该把它收藏起来。心理学意义上的良好的适应能力,就如同我们生活中看天气穿衣服一样,冬天穿冬天的衣服,夏天穿夏天的衣服,无论是穿冬天的衣服还是夏天的衣服,我都还是那个我。

如果你是思虑型,那么你可以尝试把自己觉得焦虑、紧张的事情都写下来。写完之后,再依照每一件事想出解决的方法,有多少种方法就写多少种,这个时候你会发现自己的智慧竟是那么无穷无尽。接下来你可以看看,这些事情解决之后,生活会怎样。当然也有可能会有真的没有办法解决的问题,那么你就如实写出最坏的结果,看一看到底会给我们的生活造成怎样的影响,而在这种影响下我们的生活又将如何继续。这个工作做完之后，我们就能清楚地看到现实性的困扰到底会给我们的生活造成什么样的影响，而一般说来，这个时候你会发现，无论如何天都不会塌下来的。

行为实验：寻找生命中的阳光

成长当中的不安全感会让我们形成一个信念，而这个信念在长期保护自己的同时，也让自己只看到生活中负面的、不好的、甚至灰暗的，从而忘记了善良和美好，忘记了阳光。当我们看清了这一切后，就可以尝试着让自己去发现身边所有事物的积极面和美好的部分，去发现其他人的优点，多欣赏他人，欣赏周围的事物，欣赏大自然，让自己内心充满阳光。

尝试每天做一个小小的实验：安排五分钟时间，找出那个时刻在你身边出现的所有事物的正向意义。比如你正走在上班路上，如果你以正向的眼光去看，会看到路边的树木如何尽力舒展着自己的枝叶，清明的阳光提供了所有生命必需的能量，穿梭的车流带动着时代的发展，就连迎面走过的奇装异服的年轻人，也为这个世界增添着一抹色彩。

渐渐地，你可以把这种行为迁移到自己身上，经常看看自己的优点。当你觉得自己有什么事情做得不尽如人意时，可以找找这件事的正面意义，也可以看看从中能看到自己什么样的长处和优点，慢慢地你会变得越来越自信，自信是降低焦虑和紧张的良药。

身体练习

如前所述,思虑型的成长过程中会感到父母保护的不足,而父母,尤其是父亲的支持体现在腰部,也就是肾的位置。焦虑的人通常睡眠不好,过度的思虑会损耗肾精,更加剧了肾经能量的缺失。同时,在人体内,脑的优先度是优于其他器官的,所以焦虑紧张的人很难停止思考,这也使得在吃完饭之后的一段时间里肠胃得不到充足的血液供应,长期如此使得胃肠功能降低或受损,营养获取相对不足,需要长时间调养。

你如果想改变这种情况,首先就需要放松,放松自己的大脑与全身的肌肉。比如,在饭后半小时尽量少思考,可以静坐或缓步徐行,恢复消化系统的供血。

在各种放松练习中,肌肉放松对思虑型效果更为明显。肌肉放松是通过让人有意识地去感觉主要肌肉群的紧张和放松,从而达到放松的目的。

在练习肌肉放松时,可以找一个安静的地方舒服地坐下来,身上尽量不要带那些能感觉到束缚的东西,比如手表、皮带等,然后从手臂开始进行放松。先将双手握拳,尽最大力气握紧,紧到不能再紧的时候感觉一下手和整个前臂的紧张状态,让这种感觉贯穿手指、手掌和整个手臂。然后再放松你的手,感觉紧张和放松之间的差异。你可以根据自己的情况多做几次,将意识聚焦于那种紧张再放松的感觉,让紧张感流走。同样地,我们可以针对身体的几个主要肌肉群做这样的练习,比如脸、颈、胸、背、肩、腹、腿和脚部等。在全部放松完成之后,还可以加一些暗示,比如说:"我现在从五数到一,数到一的时候我睁开眼睛,感觉很清醒,很宁静。"

这样的练习,久而久之能使身体即时感觉到自己的紧张,从而有意识地去缓解不需要的紧张。而身体的放松也将带来心理上的松弛,最终达到内心的平衡与宁静。

同时,由于思虑型的脊柱两侧像琴弦一样紧绷,而这个位置正好是膀胱经经过处,因此对膀胱经的调理至为重要。敲打臀部两侧的环跳穴,每次80～100下,可以有效地缓解膀胱经的紧张,促进气血运行。

静心冥想

现在,让你的眼睛轻松地闭起来,眼睛闭起来,你就开始放松了。现在你感到很轻松、很舒服、很安全。想象你的眼睛凝视着鼻尖,把你的注意力专注在你的鼻尖上。我们来做腹式呼吸,缓慢而有力地吸气,均匀而有规律地呼气。在吸气时尽可能吸足,随着吸气使小腹慢慢地鼓起;在呼气时尽可能呼尽,随着呼气使鼓起的小腹慢慢地凹陷。深深地吸气,缓缓地呼气,再吸气,再呼气……好!很好!轻松地呼吸,让每一次的呼吸,都带你进入更深沉、更深沉的放松状态。吸气……呼气……

也许你现在头脑中有各种各样的思绪飘过,没有关系,让他们自由地来去。也许你会有些不安,也许你会有些担心,可能时时还有一些焦虑浮上你的心头。这些情绪有的你知道原因,有的并不指向某件具体的事情,它们就是那么空泛却真实地存在着。不要紧,让他们自由地来去。慢慢地,你会发现不管这些情绪如何来去，在你的身体里总有一股坚定的力量，不管你的思绪飘向何方，它总能把你拉回到你的身体，它在身体的最深处。它可能是在胸口，也可能是在腹部，请你慢慢地辨认，在千头万绪中慢慢地辨认。它像一个锚，给你安定，也给你力量。集中注意力去体验它，随着你的每一次呼吸，它会越来越强大。是的，就是那种坚定而有力的强大。随着呼吸，它会扩散到你全身的每一个角落，随着它的扩散，你会感觉很安全，很安心。感受你的活力，感受这随着呼吸到来的活力，感受这随着呼吸到来的强大。感觉你的手，感觉你的腿，感觉你的每一块肌肉，感觉你的每一寸肌肤，感觉那种随时能爆发的强大的力量。对，那就是你身体里强大的动物性的原始力量。这股力量会在任何危险时刻迸发出来，护你安全。

当你感觉到这股力量充满你的身体的时候，请你把让你担心、让你不安、让你焦虑的事情请入你的思绪中，带着这股力量去面对这些事情，这些曾经显得那么强大、那么不可战胜的、弥漫在你生活中的难题，此时在这股强大的力量面前都变得那么渺小，那么不值一提。是的，你知道一定会有办法的，你知道你总能战胜他们的。深呼吸，深深地吸气，胀满你的胸膛，将手放在胸口，在手放上去的那一刻，这种强大的感觉就被固化在你的心里。从现在开始，在你需要的时候，你可以随时调用它。从现在开始，这种强大的感觉将会伴随你的左右！

第八章
创造型：失落的天才

创造型有很强的直觉，他们往往会有异想天开的奇思妙想。同时他们也具备了落实想法的能力。他们常常捕捉到别人无法捕捉的人生机会，去充分发挥自己的创造才能。他们就像草原上的狼，善于嗅到机会，捕捉机会，利用机会。创造型的生存能力很强，他们会创造大量的财富，把自己的生活变成物质的堆积场。但是他们最怕碰到情感问题，很难和别人做情感联结，只要遇到情感问题就会逃避，或者以冲突的方式解决问题。如果他们给别人带去了伤害，内心会非常痛苦。

◆我错了吗

◆用愤怒缓解内疚——创造型的外在表现

◆最痛苦的自我折磨——创造型的内心世界

◆自我调节——假如你是创造型

◆我错了吗

人生难免做错事，难免有遗憾。但能够面对问题承认错误，也许错误会变成经验或动力。每个成功的背后都有着过失和错误、反省和改正、重新的开始。失败是成功之母，这个道理相信每个人都会讲，但每一次的失败和错误，仍不可避免地给我们带来各种各样的遗憾，有时我们也会因此而产生深深的内疚。

其实，做错事、有遗憾并不是产生内疚的根源，内疚的人内心有两种可能的归因：一是因为我不够好，这件事才做错的；二是我做的这件事对不起那个人，而平时那个人对我那么好，所以都是我不好！当对方咄咄逼人的态度让我无处躲藏，我自己不能也没勇气没能力面对这些问题时，我会变得非常愤怒。愤怒的背后隐藏着害怕，他们最怕面对问题，也不愿面对责任，更不愿意面对内心的冲突——这就是创造型的典型行为模式。

方子钟高大俊朗，说话风趣幽默，是我在加拿大的邻居，我第一次见他就由衷地喜欢上了这个新邻居。当我跟他聊起我的身心能量整合疗法时，他有些犹豫地要求我给他做一次咨询："其实我自己并没什么问题，就是我家里人总觉得很痛苦。"

于是我请他到我的工作室来。"这么说吧，我有时候经常会做一些伤害我自己或是我家人的事情，但我自己好像没什么感觉。"他说这话的时候一脸平静，平静地像在讲述别人的故事，"有一次，我儿子把我惹急了，我端起一壶刚烧开的水就泼了过去，看到他受伤的样子，我居然也没有任何感觉,现在我们家人都不理我,我儿子也越来越像我了。"

我请他在按摩床上趴下,我刚把手放到他后背上,就发现他后背从颈部往下直到腰椎有一条沿着脊柱的深深的沟。我们的身体是由信息组成的,比如母亲强势,左侧的后背就会丰满,而过高又会产生和母亲的对抗情绪;而右侧对应的是父亲的情绪和能量。后背的不同节区记载着父母的爱、支持和情感联结,比如臀部代表母亲的爱,而腰部代表父亲的支持、肯定和力量,后背中央心俞的部分对应和母亲的情感联结,如果在心理上接受母亲,并能走近母亲,这个部位会平而丰满,否则就会有塌陷,也就意味着和母亲有心理距离。而肩颈肺俞部位记载着和父亲的情感联结和心理距离,如果这个部分塌陷,就证明和父亲有心理距离。这种类型的人很可能是在父母的战争中长大的。他们的父母有着严重的冲突,大部分时间都在争吵。父母的争吵给他们带来的是悲伤恐惧、情感的缺失和不信任,在身体上呈现出来的就是父母的情感联结和情感支持全部是空虚的,他们的后背中央会呈现一条从上到下的深沟。这条深沟虽然体现出他们与父母有心理距离,也无法面对与亲人的冲突,但还有一种功能,那就是与天地的联结。天地赋予他们很强的创造力和灵性能力,比如跳跃思维、第六感觉等。

我让他趴在按摩床上,把一只手放在他的肩颈部位,一只手放在他的腰部,轻轻地说:"我在陪着你,这里很安全。"这时我感觉到他身体开始抽搐,我知道我激起了他尘封已久的忧伤。这个健硕的男人号啕大哭,抽泣着说:"我不是人,我有时都想弄死我自己,我不但虐待自己,我也虐待我的家人和孩子，我经常用刀割我自己，但我没有感觉！"

这时我依然把手放在他的肩背上，轻声地说"我在陪着你"，并用特殊的手法弹拨肺俞和心俞部位的条索。肺俞部位的条索储存的是忧伤，心俞部位的条索储存的是悲伤，忧伤可能是长久的孤独，而悲伤可能记忆着那被封冻已久的心痛。当这个部位被扰动，那些记忆在我们身体里的情绪、能量就会被激发出来，像决堤的洪水一泄而出。

十分钟里，他一直在自责和无奈中哭泣，嘴里在喃喃自语："我也没办法，我真的没办法，我控制不了我的愤怒，我也无法让自己有感觉，我对不起我的孩子，也对不起我的老婆，我老婆本来是个开朗温柔的女人，现在被我改变得像我妈妈，冷酷而充满愤怒与仇恨。"

我意识到一定是有某些童年的记忆在影响着他，于是我把手放在他腰椎上，他忽然全身颤抖，想起了五岁时的场景。我柔声地说："我陪着你，去看看那时发生了什么？"

他继续颤抖着说："冬天的夜晚我很饿，我喊饿，妈妈和爸爸就把我推出门外，外面很冷，在下雪，我害怕得大喊妈妈：'我不饿了，让我进去！'"

"你看着那个场景大喊，大喊！"

"妈妈开门！妈妈开门！"他以一种令人难以置信的稚嫩的语气叫着。

"门开了吗？"我轻声问。

"没有，我怕，我怕！门一夜都没有开。我躲到了柴屋里，在柴堆里就不那么冷了，我迷迷糊糊地睡着了。"他仍处在那个令他终生难忘的恐惧中。

"你去看看那个睡着的孩子。"我对他说，同时把手放在他的心俞部位。

他抽泣地说："我看到他了，他没有感觉，他不想看我。"

"你走过去陪伴他可以吗？"

"他不需要我，他不看我。"

我把手放在他后腰的部位，"我在陪着你，我们一起走过去，可以吗？"当我们的腰部被抚摸时会产生力量感，肾主恐，肾得到手的支持和安慰会产生力量。

"可以走近他吗？可以触碰他的身体了吗？"我问。他好像不知道该怎么办，没有给我回应。像方子钟这样和自己的感觉隔离了很久的人，忽然要他与自己进行身体接触，哪怕只是在自己的脑海中也是一件很难的事。我停了一会儿，又给他明确的指令："抱住他，并且说'我来陪你'。"

"他已经没感觉了。"方子钟沮丧地回答我。

"你把手放在他的腰上，告诉他'我陪你回家'。"

"他不愿回家，因为每次犯错都要跪在门前让邻居看着，而且爸爸妈妈还在吵架。"他十分艰难地把他这么多年深深埋在心里的痛苦和耻辱慢慢倾泻出来，"我跪在我们家的门前，好多同学邻居过来过去地看着我，开始我很羞愧，恨不得找到地缝钻进去，可我还是不敢起来，因为爸爸不让我起来……后来我就没感觉了，爸爸再打我，我也没感觉了。"

"你可以看到那个跪着的孩子吗?他在那里跪着吗?其实他一直在那里。"孩子在成长过程中,父母不顾及他的感受,甚至践踏他的自尊,会让他觉得自己有罪。当内心的愧疚和痛苦远远超过心理承受能力,很多孩子采取的自我保护方式就是屏蔽感觉,也很有可能产生自伤的行为。成年以后,他也有可能把这种伤害复制给自己的孩子,让自己的孩子重复着相同的人生。这时我要做的,就是让这种愧疚感被释放出来,让方子钟看到,其实一切都不是他的错。

"我们看着那个一副无所谓样子的、跪在门口的孩子说:'我来和你一起,你没有错'。"

"你没有错!"

"大声喊出来:你没有错!"

方子钟提高了音调喊道:"你没有错!你没有错!"片刻,他又沮丧地说:"他没有感觉,像是我也没有感觉。"

"我和你陪着他,告诉他:'你今天可以站起来,今天我来看你了,对不起,我把你丢了。'"我一边说,一边在他腰间继续按揉。

方子钟大声地哭了起来,一边用力拍打着按摩床,一边哭喊着:"我对不起我的孩子,可是我真的没办法,今天我回来了,我对不起我的家人!"这一哭就哭了半个小时。

等他的哭声渐渐弱下去,我坚定地告诉他:"我们带着心里的孩子,看着爸爸妈妈,你可以让孩子表达。喊出来!"

他沉默了好几分钟，终于调动全身的气力大喊了出来："妈妈，我恨死你了！"

"你可以看到父母的眼睛吗？"我问道。当我们把情绪宣泄后，重新再看父母的眼睛时，往往会有意想不到的收获，会有意想不到的转变。因为这个世界上没有父母是不爱自己的孩子的，也没有孩子是不爱自己的父母的，只是彼此之间太多的情绪阻挡了爱的流动。我们常说眼睛是心灵的窗户，中医传统理论也认为眼睛是五脏之窗。它联结我们的五脏，联结着我们的灵魂，联结着在我们的灵魂深处流动着的爱和爱的需求。再让他去看父母眼睛的同时我把手放在他的臀部，这里储存着妈妈的爱。

"妈妈，你看看我，我不再喊饿了，妈妈抱抱……"在轻柔的音乐声中，方子钟沉醉在和父母的拥抱中，不断喃喃自语："爸爸我爱你，妈妈我爱你"。他的整个后背也变得柔软起来。

"现在你可以面对一下你的孩子和老婆。"我提醒他回到现实。他沉默了一会儿，心酸地说："老婆，我以后再也不凶你了。"

"其实你老婆挺温柔的吧？"

"嗯，我谈恋爱的时候就想，一定不能找个像我妈那样的，那时候就看上了我老婆的温柔，她说话从不高声大气，我说什么她都点头。"他充满甜蜜地回忆着。

"那后来呢？"

"后来，我也不知道怎么回事，总是要找茬，好像觉得她对我越好我就越不舒服，非要把她的脾气挑起来。可她要真的发脾气了，我就更不舒服……"说到这儿他停了下来，好像是在努力找着语言来形容那种感觉。

"就像是回到了原来的家，面对你的妈妈一样？"我提醒他。

"对，对，是那种感觉。我就奇怪了，我一定不找一个像我妈那样的女人，可怎么到头来，她就成了我妈那样的疯子了呢？"

"你现在知道为什么了吗？"

"唉……"他长叹了一声。

"跟你老婆说点什么吧。"我希望他能把他内心的感受表达出来，不再用愤怒去表达自己的愧疚。

"老婆，对不起。"这句对不起，说得多少有点勉强，看来一时之间他还不知道怎么去表达愧疚。于是我领着他说："老婆，对不起。"他重复了一遍，语气坚定一点了。

"我错了。"我紧跟着说。他稍稍迟疑了一下，也跟着我说了一遍。

"我不应该对你乱发脾气。"

"我现在明白了，我的脾气其实是对我自己的。"

"谢谢你对我这么多年来的包容。"

"现在我们一切从头开始。"

"我会好好爱你。"

刚开始的时候，他重复我的话，有点像在念发言稿，不过到后面，他自己也哽咽了。

"你现在能看看你老婆的眼睛吗,能看到什么?"

"她很温柔地看着我。"

"那个温柔的她回来了,因为真实的你回来了。"听到我这么说,方子钟有点不好意思起来。

"还有你儿子,你能看到他吗?"我又提醒他。

他顿了一下,忽然间又大哭起来。

我等他哭声弱下去之后,问他:"你看到什么了?"

"我看到……我自己……"他仍在抽泣。是啊,那分明就是他自己,被自己的父亲毫无感觉地踢打着,眼中闪烁着愤怒和无所谓。曾经那么真切的痛,和那么真切的隔绝,都浮现在儿子脸上。

"抱抱儿子吧。"他的双肩先是剧烈地抖动起来,仿佛正把儿子紧紧搂在怀里,紧接着我感觉到他全身放松了下来,一股热流涌向他全身。都说父子连心,如何不是呢?只是有时候这心与心之间相隔了太多的情绪和往事。

后来方子钟告诉我,这次咨询做完后,他觉得累极了,好像从来没有这么累过,浑身疼了好几天。的确,一个人坚强地走了几十年,该累了;感觉被麻痹了几十年,也该疼了。

今年回加拿大过年的时候,我看到他带儿子在院子里踢足球,他妻子在一旁笑呵呵地准备吃的,真是其乐融融的一家三口。

◆用愤怒缓解内疚——创造型的外在表现

创造型外表多半温文尔雅，多才多艺，而且头脑发达，可以说是一表人才。他们的头脑中有比一般人更多的专业知识，而且在任何一个领域都容易创造出成就，因为他们愿意把所有的时间都放在事情上。

创造型的体型挺拔结实，但后背从上到下正中有一道比其他人深而宽的沟。正是这道沟暴露出他们父爱母爱的缺失。当你问及他们的父母，他们一般会说没什么感觉，对亲情也很淡漠。但他们会对所有的亲人都"很好"。他们对于亲人很舍得付出，但一般都是金钱上的付出，很难有情感上的付出。对待越和他们亲近的人，他们就越冷淡。他们对自己的孩子很好，但是孩子往往感觉不到他们的温暖。当亲人抱怨时，他们会讲出一大堆道理，让你觉得他们似乎是对的，可作为亲人的你就是感觉他们没有感情。

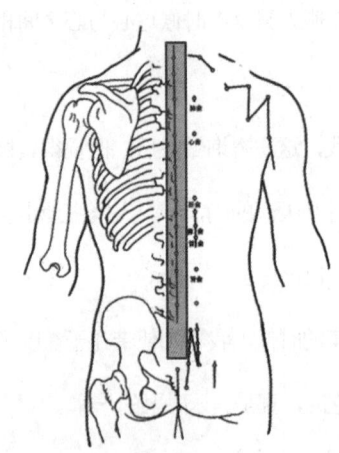

创造型在生活中很容易引起别人的好感，有时你会误认为他们是关系性的人，因为他们在生活中表现出和很多人暧昧，和很多人有深刻的联结。在他们身上你怎么都能看到你喜欢他的地方，因为他们无意中很会装点自己，表现得文雅又开朗，小事上不易和人计较，对于大事也心里很有数。和他们在一起有时你会很轻松，他们有天真得像孩子的一面，那会让你感觉很放松。

可如果你真的走近创造型，你会发现他们其实很难接近，就好像他们住在一个城堡里，而城堡外面种了很多花。他们用花吸引别人，而城堡的城墙是用玻璃做的，而且透明的墙做得非常厚，这让别人保持一定的距离，永远无法走近。

他们这么难以接近的主要原因，是他们不善于面对别人的情感。创造型虽然渴望与更多的人搞好关系，但他们又很怕别人靠近。在他们看来情感是个很难理解的东西，他们也很难体会到情感的滋味。在他们的感觉中，所有的人都是不应该把情绪呈现在其他人面前的。他们的理智非常强大，在他们心里任何事情都是有理由的，必须合乎道理。

虽然创造型并不善于与人相处，但他们很重视别人怎么看自己。他们最担心的就是有人否定自己，所以他们很会为自己找理由，这也练就了他们很强的应变能力和为自己开脱辩解的能力。一般他们不愿意接受自己是错的，即使错了也不能被别人指出来。当你咄咄逼人地指出他们的错误时，他们一般会愤怒，虽然他们自己也知道错了，但是在那种情景下无论如何也不会承认自己错了，宁可用愤怒去解决。愤怒是他们对愧疚的最常用的防御机制，它从潜意识的深处冲出来，瞬间占据头脑，他们因此变得很不理智。但通常愤怒过后他们会很内疚，因为他们深深地体会到自己错了。不过这一句"对不起，我错了"很难从他们嘴里讲出来。为了不承认自己错了，他们有时会找很多理由，甚至说谎找借口，不面对问题。逃避是他们的另外一个防御机制，他们宁可不去看问题，他们希望不用解释而别人自己能想明白，或者干脆也别看到问题。

创造型的思想有时是分离的，他们可以做着这件事情也想着另外一件事情，甚至可以同时想着很多事情，有着跳跃性思维。这是他们丰富的创造性源泉，这也给他们带来很多出人意料的幻想。有时他们会幻想有一个自由的世界；有时他们会希望有一个地方可以躲起来，能够看到别人而别人看不到他们。他们经常幻想有一种方法让自己躲避所有的尴尬。他们有一个特点——很善良，不愿意伤害任何人，如果给别人带来伤害或者对不起别人，他们会非常痛苦。于是他们对待自己很严格，在某种程度上追求完美，希望把一切都做好，最怕做错事情，紧张和焦虑是他们的常态。

身体健康一般是他们最不在意的事情，因为他们不相信自己会得病。有时身体不舒服他们也不去理会，甚至会忽略它。他们不怕身体的疼痛，最怕的是心里的不安感，然而那种莫名的不安全感与焦虑却如影随形，于是他们会把精力用于忙碌以此屏蔽内心的不安。他们最容易有的身体问题就是肠胃疾病、皮肤过敏、上呼吸道疾病、血压及心血管疾病。

◆ **最痛苦的自我折磨——创造型的内心世界**

在创造型的外在表现当中我们不难发现,"我不够好"是他们的自我定位。无论做得多好,他们看到的永远是自己不好的那一部分,他们最怕别人说自己不够好,一方面去做得更好,一方面拼命寻找自己不好的地方,每天陷在自责当中。

探究起来,在创造型内心里,自我有两个部分,一部分是他们极力努力创造出来的那个"完美"自我,吸引着每个人的注意与欣赏,另一部分是自己都不愿意看一眼的卑微自我。为了维护那个"完美"自我,他们嫌弃、抗拒另一个自我。可是两个自我却形影不离,无论怎么努力他们都会听到一个声音在耳边说"你什么都不是,你欺骗着所有的人"。也正因为这个声音,他们才会找更多的人喜欢自己,做更多的事情吸引别人,甚至吸引更多人爱上自己。

创造型一般会有这样的人生经历:也许他们有一个人口多而贫寒的家庭;也许他们有一对每天争吵而无暇顾及孩子的父母,或者从小父母有很多的做法和习惯不被孩子接受。

孩子在成长过程中,在潜意识里认为维系父母的关系会比自己的生命还重要。但他们的父母在心理上或许也都是孩子,需要照顾的、委屈的孩子。比如妈妈感觉自己是个受害者,爸爸会伤害自己,只是因为孩子才不能离开。于是孩子就不自主地担当起了保护妈妈的角色,不自主地认同了自己有罪的身份——是我拖累了妈妈。但是当孩子发现自己的爸爸并不是一个恶魔,而是一个蛮可爱的人，于是孩子背负了双重的罪恶——我觉得爸爸好就是对妈妈的背叛。自我厌恶感就产生了。妈妈本应是最可怜和亲近的人，也是最需要自己保护的人，但自己很难靠近她——那个柔和的牢笼会紧紧地包裹着我，紧到窒息。于是孩子心里又有了一个声音，妈妈太烦人了，我要离她远一点——另一个罪恶感产生了。这些罪恶感和自我厌恶感造就了他们的深层内疚。为了逃避这种内疚，他们便隔绝了对父母的感觉。在他们的经历当中，自己就像一个被遗弃的孩子，父母对于他们来讲只给了他们一种记忆——打骂。

他们深深知道贫穷的滋味，看到父母在"贫穷下的痛苦人生和贫乏到无法给予自己爱"，于是他们的人生目标就是摆脱贫困，感情、爱、亲情对于他们来讲都是没用的东西，与自身无关。为了生存，他们不得不与外界有联系，有"感情"，交朋友，甚至谈恋爱对于他们来讲，也只是为了生存。他们对感情比较淡漠的特点，使他们内心疏远所有的亲人，有时他们会觉得和朋友的感情比亲人还近一点——虽然那是一种错觉。他们确实很难走近自己的亲人，甚至走近亲人的时候他们会有躯体反应，比如身体紧张，心脏憋闷，身上起鸡皮疙瘩等。但当他们靠自己顽强地长大而父母来向他们讨回养育之恩时，他们又进入了一种还债的人生。在他们头脑当中会形成这样的观念：他们是我的父母我就应该把他们照顾好，应该好好对待他们，他们要什么就给什么。在他们对亲人好的背后其实有很多怨恨，但强大的屏蔽功能让他们早已经练成了刀枪不入的神功，他们绝不是故意口是心非，他们在意识上绝对是对亲人好、可以为亲人牺牲一切的。因为他们内心某处有一个永远被满足不了的渴望——父母对他们的肯定。

内心的缺失、情感与温暖的匮乏，造就了他们特殊的人格特点。他们把内心的渴望封存起来，把渴望转化成冷漠，把贫困和自卑转化成生存的动力，然而无论他们怎么创造都改变不了内心的那个声音："我不够好"。于是他们拼命证明自己，去争取他人的认可。可是无论得到多少认可，只要有一个人不认可，他们就会掉进自责的深渊——别人的认可只会化作让他们做得"更好"的动力，而不是他们有资格骄傲的信念。他们没有自我认可或形成自我价值的能力。在成长的过程中，父母的认可是孩子形成自我价值和自我认可与自信的基础。也许他们在人生中创造了很多，付出了很多，但始终都得不到他们潜意识中渴望的满足，于是他们把这个渴望转成生活中对所有人的渴望，他们渴望所有人的认可。可是我们不是圣人，每天都可能会犯一些错误，于是内疚和自责就会伴随他们所有的生活。

内疚确实会让人产生无力感，人在内疚时会觉得做什么都没有用，做什么都不会消除自己的内疚。因为让人内疚的事件已经发生了，如果聚焦在那一时刻，那么这种内疚和无奈的情绪将永远无法解脱。在这种情绪的驱使下，我们甚至会生出自我厌恶和自我毁灭感。这种潜意识里的自我厌恶和自我毁灭感，在意识层面却被表现为身体的各种症状。

有一个女孩子，她全身的皮肤出现疤痕性皮肤反应，也就是说皮肤的自我修复功能出现了问题。检查完身体我问了她一句话："你恨谁？"她忽然冲出一句："我恨我自己。"我又问她为什么恨自己,她说："我对不起我的妈妈,对不起我的爸爸。"我问她为什么,她哭着说："都是我不好,我没有能力保护我的父母,而且还让他们担心。"我又问了她一句话:"你能走近你妈妈吗?"她很紧张地说:"不能,她的控制让我喘不过气来,我不能靠近她。"我问她心疼妈妈吗?她点头,又问她喜欢妈妈吗?她摇头,很痛苦的样子。当我问道:"你恨你妈妈吗?"她哭得更厉害了。

其实她内心很不喜欢她妈妈,心底里更是恨妈妈,但意识上却觉得我要让妈妈开心。内心的矛盾纠结很痛苦,她又不能清晰地看到自己的痛苦到底是为什么,她心中有一部分特别心疼妈妈,又有一部分特别讨厌妈妈,于是一方面拼命要求自己变优秀来讨好妈妈,并希望自己足够强大能够保护妈妈,可又有一部分非常恨自己,甚至想毁灭自己。

我们的身体是不骗人的,它忠实地记录着自己的人生,它会引导我们发现真相。但探索发现只是一个开始,改变却是一个过程,我们可能会认为"我们发现了问题,解决了不就好了吗?"其实没有那么简单,因为一个行为的背后是一个强大系统,创造型之所以内疚是因为他们有一个让委屈长期存在的妈妈,妈妈会用受害者的身份"控制"孩子,让自己的孩子成为自己的保护神,或者让孩子觉得自己的存在是有罪的,造成了妈妈的痛苦而放下罪恶感就等于放下了妈妈,恨妈妈会更觉得自己更有罪。于是释放这种内疚情绪就成为一件难事。

◆自我调节——假如你是创造型

深度觉察：放下内疚，接纳自我

人的一生都在选择和放下之中，我们都愿意得到而不愿意失去，于是我们抓住一切不愿意放开，每天陷在恐惧和焦虑当中。我们害怕失去关系，于是我们学会了用讨好、付出、控制的方法，并和所有的人建立联系。

当你刚刚来到这个世界上的时候，还不能独立生存，有一个人无微不至地关心你、满足你、给予你所需要的一切，你完全依赖她，而且觉得你和她是一体的，那个人就是妈妈。你非常弱小无法照顾自己，甚至无法自己生存，为了能活下来你也慢慢学会了讨好妈妈。你希望妈妈高兴，一切都会按妈妈的希望做事情。有一天妈妈不高兴了，你非常紧张，"可能都是我不好，妈妈才不高兴的"。于是你很内疚，"我一定要做得更好，让妈妈高兴，要让自己强大到能保护妈妈"。可是无论你怎么做，妈妈还是不高兴。当有一天你发现妈妈的不高兴是由你生命中另一个非常重要的人——爸爸而引起的，于是你非常生爸爸的气，"你怎么能让妈妈不高兴！"可奇怪的是，你怎么也不觉得爸爸可恨，或者觉得恨爸爸是不应该的，你恨了爸爸又是那么内疚。

在这样的生活当中你长大了，这个内疚的种子在你的生命里开始结果，成为你生命的一切。在工作中、生活中，你无意识地把别人投射成父母，用对待父母的方式对待身边的人，努力表现出优秀。因为只有优秀，"妈妈"才会高兴。可是你常常不能"更优秀"，于是对于那些不能被满足的人，你就会不自主地产生内疚。内疚的情绪时常笼罩着你，你恨自己，厌恶自己，但是你还不得不把这种情绪深藏在心底，因为你要表现好，你必须优秀！内疚泛化成自己生活的一部分，我们的生命就被内疚控制了。每个生命都是独立的，每个人都要为自己负责，而且一个人首先要为自己负责。当你内疚时首先要问问自己，这个内疚是我的吗？这里面有多少是我要负责的，有多少是需要对方承担的？把不属于自己的还给对方，也许你就能放下内疚。

当在生活中你和一个人有了联结，彼此相爱了，一年以后觉得你们是不适合的，于是对他（她）产生了内疚，这个内疚似乎是很合理的。但很可能这个内疚根本不属于你，首先爱与不爱是你的自由，对方爱不爱你也是他的自由，你不爱他了只能证明他不适合你爱。爱的过程也是磨合、选择的过程。你不爱他了只是尊重了自己的感受和选择，你并没有"罪恶"。他也不是你的父母，只是一个能照顾好自己的个体，如果对方离开你就不能活，那只说明他还是个孩子，这并不是你的错。

做这个觉察的时候，重要的一点是把当下和过去的情绪感受区分开。在原有的行为机制下，可能你的内疚以及由此引发的愤怒会迅速占据你的头脑。这时，请你尽可能地转换一个角度来看待当下。比如你可以假装这件事是发生在一个朋友身上，而你的角色只是帮助他分析这件事的责任，这样的设置会有效地将当下的事件与你以往的习惯反应拉开距离。

更为重要的是，请你相信，任何一个事件，都不会只是一方的责任。

你有你的责任，对方有对方的责任。同时也请你相信，每个人都能为自己负责。实际上，我们替别人的生命负责是一种侵犯，把这份责任归还给他自己，则是对他的尊重。我们要学会尊重，尊重别人，也尊重自己，尊重人我之间的界限。

当然，刚开始的时候你可能很不习惯，甚至会觉得很无力。因为当你真心打开自己，表达出自己的痛苦，就等于放下了一种权利，控制和掌握别人的权利。这个权利以前会让你有存在的理由，感到有价值、有意义。放下这个权利，就意味着放下了自己存在的价值，你会无力，会痛苦，这种权利保护了你那么多年，你会难舍难弃。所以你要做的另一件事，就是全然地接纳自己，接纳那个不断努力、力求完美的自己，同时也接纳那个不断"闯祸"、让你痛恨的自己。只有当你与自己的生命力量相联结时，你才会看到存在的另一种价值。你会看到生命的独立性和自己的责任性，看到生命之间的另一种力量：支持的力量和相信的力量。生命不但有联结，也有界限。当你学会放过自己，为自己的生命负责，而不是为父母负责时，就可以把对父母、对别人多余的内疚放下，用从内心生发出来的爱来面对所有人。

请你相信，放下不等于逃避，放下了不属于你的那部分，你才能更好地承担属于你的责任。

行为实验：对不起，我错了

永不认错，是创造型的行为特点。如同我在前面所说的，如果你的内心被内疚占满，那么很可能就不允许自己认错。你的错误只会让你感到愤怒，而别人试图指出你的错误的行为则会让你更加愤怒。你以愤怒掩盖自己的愧疚，越是不能面对的错误愤怒就会越大。

当你做完深度觉察之后，相信你已经开始转变，开始了解一次错误并不会导致你的整个人生崩溃。当面对别人的指责时，请你冷静地想一想，是否自己真的有不对的地方。如果有，请真诚地跟对方说一句：对不起，我错了。如果刚开始的时候，你觉得跟对方道歉比较难为情，那么可以在镜子面前练习一下。认真地看着镜子里的自己，看着自己的眼睛，真诚地说句：对不起，我错了。当你可以把这句话说出来的时候，你会发现，其实自己的心情会轻松不少。

身体练习：

创造型一般身材匀称，却全身僵硬。所以身体练习要侧重锻炼身体的柔韧性。由禅修中的打坐变化而来的盘坐变式，既练习了身体柔韧性，又可以起到静心凝神的作用。

盘坐变式一：坐姿俯身。盘腿而坐，两腿分别弯曲交叉，把左腿踝关节架在右腿膝关节处，向前俯身，尽可能缩小胸部与腿部之间的距离，同时要注意背部保持挺直。保持这个姿势5分钟，再换腿进行。

盘坐变式二：坐姿前屈。如果开始的时候盘腿都有困难，那么可以将双腿并拢伸直，坐在垫子或床上，尽可能向前俯身，双手触碰小腿胫骨，感觉到大腿后侧被拉紧时保持姿势 15～30 秒钟。休息半分钟，再做一组。为增加趣味性并测试自己的进步程度，可每次练习时都尽可能使双手比上一次往前挪一点，直到双手超过脚掌的位置、胸部能够贴到膝盖为止。

在做这项运动时要注意的是，将精神集中在自己的身体上，去感觉身体被拉伸的部位逐渐地柔软起来。

静心冥想：

现在请你放松，深呼吸，慢慢地吸气，慢慢地感觉，感觉空气进入你的鼻腔、喉咙、肺部。再深入一点，将空气导入你的腹腔，感觉到腹腔慢慢地鼓起，请留意这种感觉，空气在身体内流动的感觉，随着空气的流动，新鲜的氧气被带到身体的各个部分，他们会给身体带来柔软和活力。再缓缓地吐气，将腹腔、胸腔、喉咙、鼻腔中的空气全部吐出来，仔细地感觉，感觉身体里所有的僵硬都随着气息慢慢地被排出身体。就这样，缓慢地呼吸，觉察着呼吸。慢慢将大脑放松，让大脑皮层可以尽情舒展。慢慢将脖子放松，慢慢将双臂放松，慢慢地让这种放松的感觉遍布全身。

现在请你在脑海中描绘一个画面，这个画面曾经十分真实地温暖了你，它可能是别人对你真诚帮助的一瞬间，也可能是小动物的一个眼神，它可能曾出现在你的真实生活中，或者电视上、书刊上，现在你不需要费力，那个曾经温暖过你的画面就出现在你的脑海中了。你又感觉到了那种温暖。在你身体的某个部位，那种温暖的感觉开始悸动，开始流淌。现在请你将手放在那个部位，它可能是心脏，也可能是你的腹部，或者是你的脸颊。那细微的抽搐和悸动，你一不留神就可能错过它，实际上你已经错过它很多次、错过它很多年了。所以现在请你全神贯注在这种感觉上，用手轻轻地抚摸它，仿佛在抚摸世界上最柔软、最珍贵的东西。是的，它是你内心最柔软、最珍贵的部分。

慢慢地呼吸，慢慢地感受，慢慢地探索，你会发现，那种温暖的感觉从这个部位开始扩散。轻轻地，缓缓地，这种温暖的感觉流遍你的全身。随着这种流动，你身体的每一个细胞都得到了滋润，每一个细胞都开始舒展，长久以来的僵硬和紧绷慢慢消失。是的，你找到了你梦寐以求的温暖，它就来自你内心深处。现在请你用手轻轻按一下你的胸口，给你自己一个承诺：我随时都可以感受这份温暖。是的，你随时都可以感受这份温暖，这份温暖会带给你力量，让你创造一个充满温暖的世界！

第九章
身体地图

我们的一生当中，有很多的坎坷经历，这些事件就储存在我们的身体当中，这就是一个信息、一种能量。当它储存在那里的时候，它就会阻塞能量的通道，形成一些疾病。我们触摸不同的身体，就能体会到每一个生命的不同，每一个人都是独特的，没有两个人是一样的。

◆身体地图之行为模式

◆身体地图之典型情绪与潜在疾病

◆身体地图之家庭关系

◆身体地图之人生经历

前面几章，我阐述了不同性格、不同行为模式的七种类型。跟所有的分类一样，这样的分类一定会有很大的局限性。我从医近三十年，接触病患超过十万人，但我从来没见过两个完全一样的人，也没见过两个完全一样的身体。要把这十几万姿态各异的人划定为七种类型，我确实是有些力不从心。但之所以采用了这个分类，只是为了方便大家理解和记忆。

在阅读这些案例的过程中，你可能会觉得自己身上既有这种类型的特质，又有那种类型的问题，比如思虑型和恐惧型的人就很容易有交集。其实把自己划归到哪种类型并不重要，重要的是你能觉察到自己的缺失，知道自己情绪的根源在哪里，从而在以后的生活中能有意识地去补足。

在下面的篇幅里，我将对前面在案例中讲到的专业知识进行系统的梳理，全面解析身心能量整合疗法的体系，希望为更多人提供帮助。

◆身体地图之行为模式

①成就型

成就型人最大的性格特点就是易怒，喜欢用指责、发火的方式应对问题。他们最显著的体型是肩颈部的高起。你体会一下，对面站着一个让你特别生气的人，你挺直后背，抬起胳膊用力指向他，身体哪里会有感觉？是不是肩膀肌肉绷紧，一股怒气往头颈上冲？往往火气越大，人越容易头晕眼胀，后背僵硬，肩颈疼痛。中医讲"怒使气上"，当我们生气发怒的时候，受身体能量冲击的是颈椎、头部。人长期愤怒，容易得高血压、颈椎问题、甲状腺问题、心血管问题、脑血管问题等。

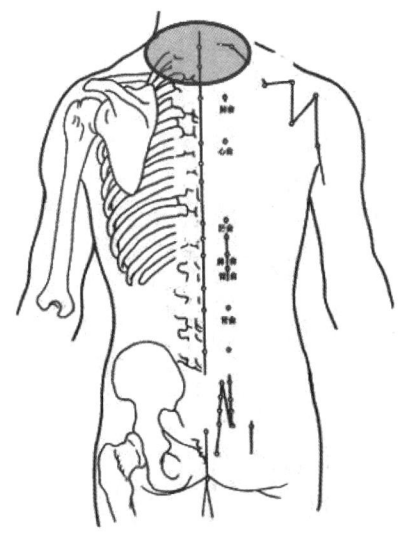

②浪漫型

与成就型正相反,浪漫型的肩颈部有明显的塌陷,他们一般体态轻盈,说话轻言细语。他们比较多愁善感,注重精神追求和内心感觉。完美的爱情是他们最大的人生乐趣,但他们要的爱情是现实生活中不存在的,所以他们通常会陷入忧伤、抑郁、情绪低落的精神状态。

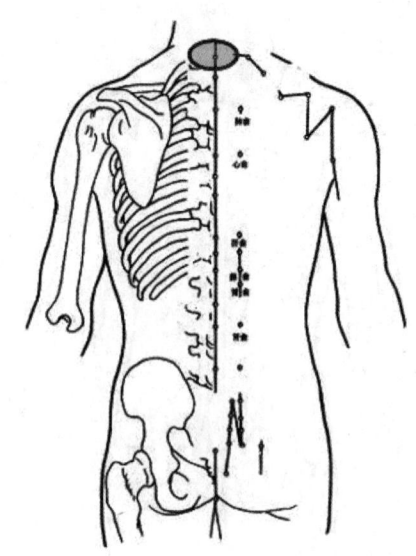

③和平型

和平型通常肝脾区隆起，仿佛背着一口大锅，他们的腰腹部往往囤积着一大圈肉，但他们的臀部相对他们的肚子显得有点小，两条腿更是仿佛撑不起沉重的上半身，就是平常所说的"向心胖"。

这个类型人的情绪特点是好强、委屈，一个人做了很多事情，付出很多，却没得到认可。很多妈妈是这种体型：照顾老公，照顾孩子，照顾老人，忙这忙那，唯独忘了照顾自己。其实她心里也会觉得委屈，所以边做边唠叨，周围的人虽然可能心疼，却很难忍受唠叨。

长期的被忽略和自我忽略以及过多的付出，使他们积压了很多的委屈。这些委屈导致他们内分泌失调，形成了"向心胖"。和平型喜欢以爱的名义控制对方,控制未果就会积压很多愤怒,愤怒会使他们的血压增高。所以,这类人常见的疾病有:内分泌失调、糖尿病、代谢紊乱、高血压等。

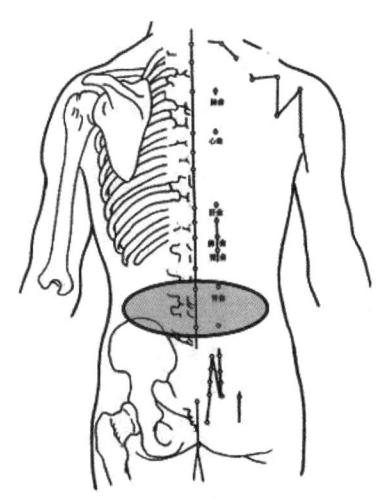

④恐惧型

恐惧型每天都活在恐惧当中,他自己都不知道自己为什么恐惧,他们的恐惧往往也不被人理解。其实从理智层面来讲,他们也不能理解自己的恐惧。他们的恐惧大部分都表现在担忧自己的身体健康,或者亲人的健康。同样是对死亡的恐惧,但是表现形式也不同。有一类人的臀部是丰满的、骶骨板结、后背像铁板一样僵硬,表现为白天一言九鼎、暴躁易怒、听不到半点意见、无畏无惧,但夜晚就怕黑、怕孤独。往往他们做事都没有太大的章法,逻辑性差,易忘事,做事情容易放弃,情绪起伏比较大,易激惹,有神经质的特点。他们容易失眠、心烦，特别是晚上的时候症状比较严重，白天则喋喋不休地讲话，大部分都是豪言壮语，但语无伦次。还有一类臀部干瘪，骶骨板结，他们很可能有恐惧性的创伤事件，一般是在生命的早期，即0～3岁的时候，由创伤造成内心的不安全感。而如果骶骨处隆起，触摸起来像一块肉垫高出来，即中间高出周围，中间组织堆积，但不板结，则一般是有由0-3岁不安全分离造成的。恐惧情绪是我们的原始情绪，而原始情绪会演变出各种其他情绪。

骶骨的不通畅会影响人的内分泌系统。他们会产生恐惧和无缘无故的焦虑，总是觉得自己不安全，但是又察觉不到问题。这样的人情绪非常复杂，有时候愤怒，有时候委屈。

这个地方堵塞还容易产生系统性的疾病。处在更年期阶段的人这个部位摸上去就是空的，产后抑郁的人这个部位是板结的。如果这里保持疏通，人看上去就显得年轻，同时情绪也比较稳定，不容易急躁，还能让生理周期维持规律。生理周期规律，维持时间长，是女性身体健康的一个重要条件。

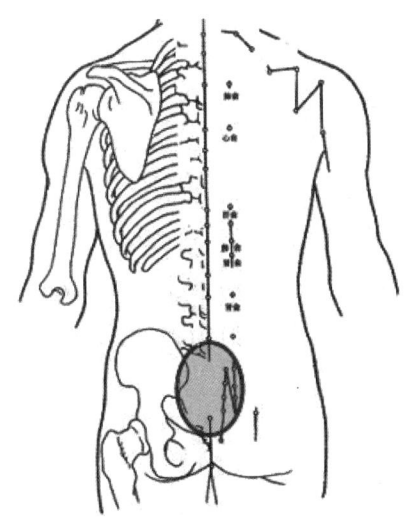

⑤承担型：

承担型腰椎的部位塌陷，但整个后背都高而厚。这种人很会承担，但他们承担的很多责任都不应该是自己的事情。一个人在背负他不应该背负的东西的时候，会压抑他内心另外的一部分，那一部分就是他脆弱的一面。他们让别人感觉他们很强大，身体壮得像大力水手一样，后背隆起一大块，似坦克车一样。其实，那里面都是情绪。

当强大到一定程度的时候，他们就会像吹起的肥皂泡，很容易崩溃、生病。"我撑不住了"是他们承担不起时常说的一句话。

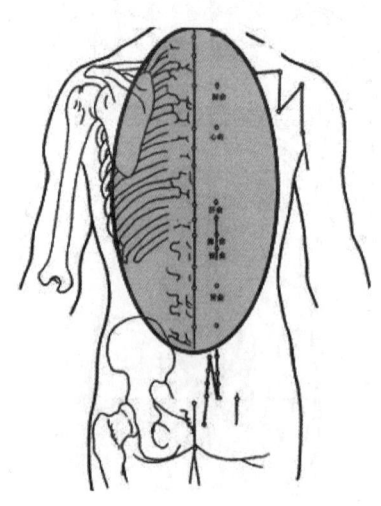

⑥思虑型

这种人焦虑,有不安全感,总是看到事物负性的一面,多思多虑。他们的思考是最缜密的,总能看到常人看不到的危险。如果我们找谋士,一定找他们。他们每天睁开眼睛第一件事情就是在思考:"我是不是安全?"他们进入一个场合中最先观察的是防火通道。这样的人很容易被发现,因为他们喜欢坐到角落里,因为那个地方最安全。

他们体形消瘦,脊椎呈弓形,肩膀内扣。他们脊椎两侧的韧带组织会像琴弦一样紧张。这是因为长久以来的不安全感和恐惧感使得他们的神经总处在紧张状态,于是肌肉、韧带也都随之越来越紧张。这样一年一年过去,他们的身体便形成了一个不能伸直的弓形。而且,他们都很瘦。由于多虑,他们把80%的能量都消耗在了思虑上，使得身体没有多少能量和营养用于储存肌肉和脂肪，于是，他们不论吃多少都是个瘦子。另外，他们每天睁开眼睛就在想事，而且想的大部分都是危险。逐渐地，心理上的焦虑加重了肌肤的敏感，于是他们的皮肤也开始慢慢变得不好，不时会出现湿疹，甚至出现牛皮癣。

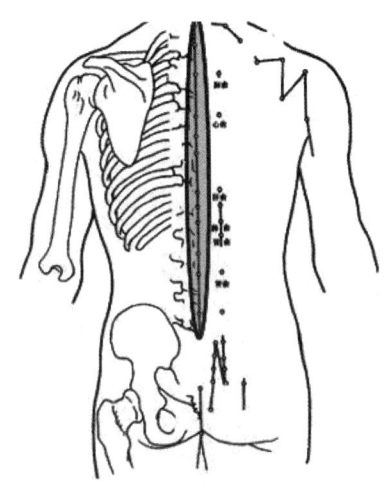

⑦创造型

创造型的创造力非常出众，他们总能看到常人看不到的机会，而且完全具有驾驭这种机会的能力。但是我不得不说这种创造力却来自于亲情的疏离。亲情的疏离使得他们的注意力转向外部世界，同时亲情的疏离也使得他们有较少的牵绊，在遇到机会时更容易决断。他们善于使用逻辑思维，却与感觉和感情之间有着厚厚的隔离,在亲密关系面前手足无措,他们既不善于处理自己的感情,更不善于处理别人的情绪。所以他们以无情的暴力作为应付世界的手段。

创造型一般都体型匀称,外表上甚至可以说是风度翩翩。但是他们的脊柱处有一道深深的沟,这道沟诉说着他们父爱母爱的缺失。所以当他们跟你关系一般时,你会觉得他们很好相处,但一旦走近,你马上就会感觉到距离,这都源自他们儿时跟父母相处的经验。他们时时都处于不安全感之中,所以用创造力去填满内心的空虚。他们对身体上的痛楚并不敏感,最容易有的问题是肠胃疾病和皮肤过敏,还可能患上上呼吸道、血压及心血管疾病。

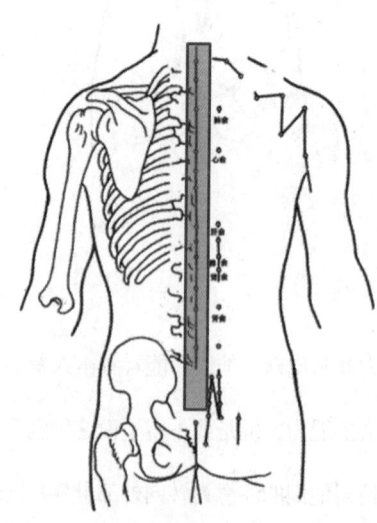

◆身体地图之典型情绪与潜在疾病

上面总结了七种性格类型的典型体型，但有时某种典型的情绪或潜在的疾病可能存在于某些性格类型中，也可能存在于性格类型不那么典型的人身上，这些在我们的身体上同样有迹可循。

①左侧心俞区域有一根条索状突起

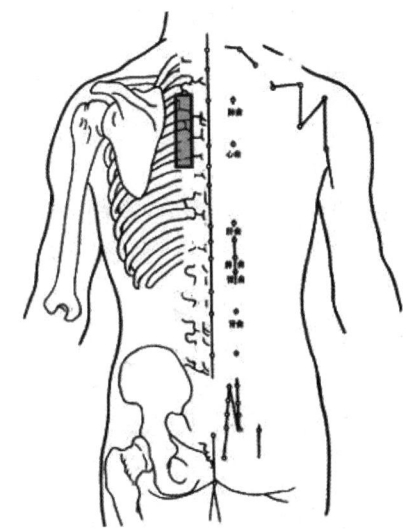

这样的人往往在情感上有创伤，会有很多伤心事，可能出现的疾病是心脏病、心律失常等，会胸闷、心慌，会无缘无故有想哭的感觉。身体这个部位产生淤结，也跟长期心理压力过大、过于疲劳有关系。

②右侧肩胛上部有一条横着的隆起

这个部位隆起的同时，身体的髋部胆经处也是板结不通畅的，十二指肠会有溃疡。这个部位出现堵塞，有的是因为情绪，有的则是因为外伤，比如胳膊被抻过，但外伤造成的身体淤结和情绪产生的淤结手摸起来感觉不同。外伤淤结是在受伤的局部位置有堵塞，跟周围部位的关系并不是很大，而情绪淤结则是弥散型的。这个部位隆起的人容易焦躁，这是由长期对长辈有怨气，有一些话想讲却没法讲出来，把气愤又咽回去了而形成的。这个部位隐藏的愤怒的程度比后面要讲到的③区的愤怒程度大。因为对方太强大了，他们无法承担表达情绪的后果，只能把愤怒强压下来，身体能量长期在背部十二指肠的区域瘀结而形成了疾病。

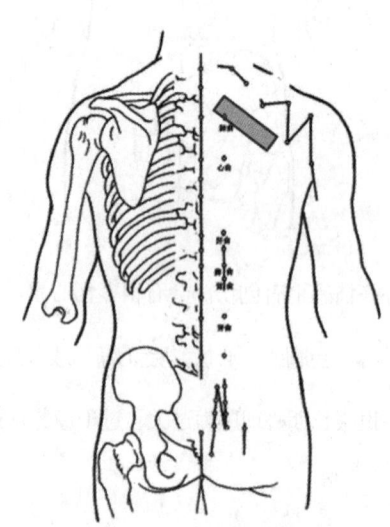

③右侧肩胛骨和胸椎之间出现条索

这样的人内心有很多抱怨,但不敢讲出来,特别是对自己的长辈。当他长大进入工作以后,在工作中出现愤怒时依旧不敢表达,于是就把愤怒的情绪压抑成内心中的抱怨。抱怨和宣泄是有区别的。抱怨是内心存在很大不满,但每抱怨一次,这种不满就会增加,人长期处在那个情绪里,如再遇到类似的情况还会用同样的方式去对待。而宣泄是只和情绪在一起,把情绪像倒垃圾一样倒出来。当一个人内心存有不满,这种情绪影响的是他的肠胃,抱怨伤害的是胃。

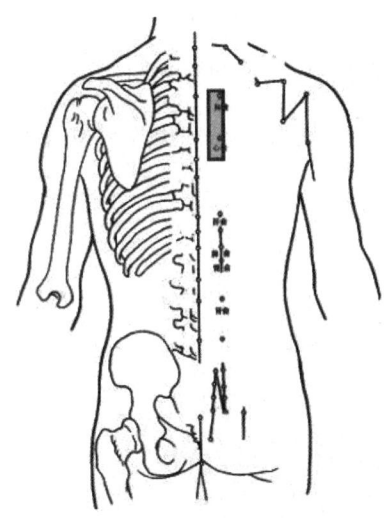

这样的人容易出现胃病,有对亲人或长辈不敢表达的愤怒和紧张,愤怒和紧张没有得到舒缓,被压抑住了。如果这个地方比左侧高出来一块,则表示有委屈的情绪,可能是和父亲的关系不太好。女性这个部位瘀结容易出现对领导、对男性的不满,原因是与父亲情感的缺失,这在后面家庭关系部分会讲到。

一般这样的部位代表的是委屈,不敢表达的委屈,特别是对领导和父母的委屈:"因为我是弱者,因为我很小,我根本不敢表达。"这类人的内心当中经常会有一个声音:"他对我不好,不照顾我,他不爱我。"看清楚这个情绪,就能听见自己的情绪里有一个声音:"我需要爱。"

④肩胛区域隆起、板结

这个区域隆起的人,容易压抑自己的情绪。就算是有愤怒、委屈和抱怨,他也轻易不会发出来,"我有一些事情不高兴了,但不会讲出来,因为这样不好。"情绪压抑到一定程度会激烈地爆发一次,爆发之后他还会自责:"对方挺可怜的,我干吗发脾气呢?算了。"

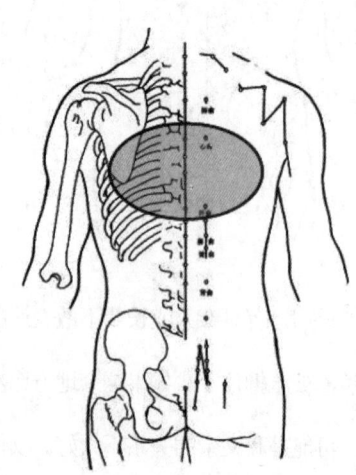

⑤胸椎 11 椎至腰椎 1 椎之间板结、隆起

如果是肝俞以下部位厚重起来，表示此人容易担心，总是为将要发生的事情担心着。如果摸起来坚硬而不厚重，则表示有分离焦虑，很难面对离别的场面。有焦虑和担心的时候，这个地方特别容易觉得累和疼。这样的人容易消化不良、肠胃功能紊乱、代谢紊乱，从而造成脂肪囤积，身体发胖。

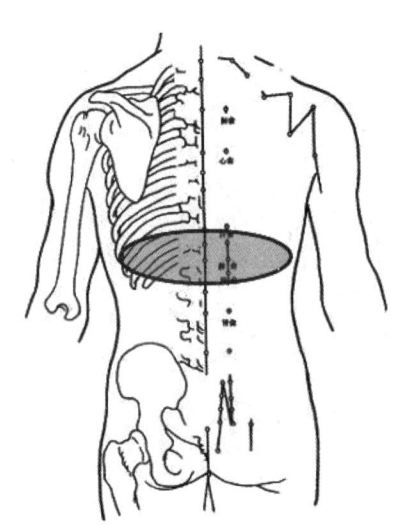

⑥胸椎8、9椎有颗粒，并伴有刺痛感

胸椎8、9椎的位置，对应的是胆囊的反射区，如果脊柱正中摸起来有颗粒感，按压的时候有刺痛的感觉，很有可能是胆囊有问题。导致胆囊问题的，有可能是一次很大的惊吓，如果能处理这个惊吓事件，胆囊的能量就能重新流动起来，胆囊炎也会随之好转。

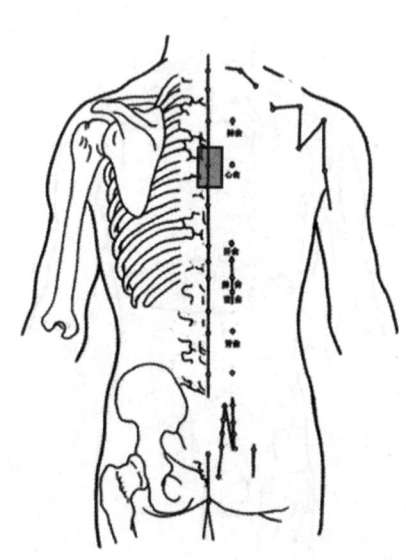

⑦腰椎两侧出现条索

腰椎两侧的条索,多是因为恐惧引起的。这里的恐惧与上面的⑥区的惊吓是有区别的。比如被飞速行驶的汽车撞了,在被撞的那一刻产生的就是惊吓,会使气聚结在胆囊;而被关在黑屋子里,内心产生的情绪就是恐惧,会使气聚结于肾,从而在腰椎两侧形成条索。

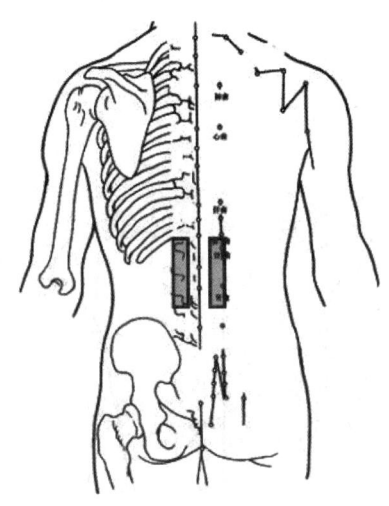

⑧骶骨塌陷或出现肉垫

这种情况在讲述恐惧型人体特点时已经详细讲过。但很多非此类型的人仍有骶骨塌陷的情况。如前所述,骶骨处的塌陷很可能是由缺失性的心理创伤造成的,而如果骶骨处隆起,触摸起来像一块肉垫高出来,则一般是在童年时期有过不安全分离。这会导致他有莫名其妙的情绪起伏、无意识焦虑以及无意识焦虑引起的愤怒。这里的恐惧与⑥区、⑦区不同的是,它产生于生命的早期,多为0~3岁,即在我们的大脑意识形成之前发生的,所以我们很可能会"想不起来"。

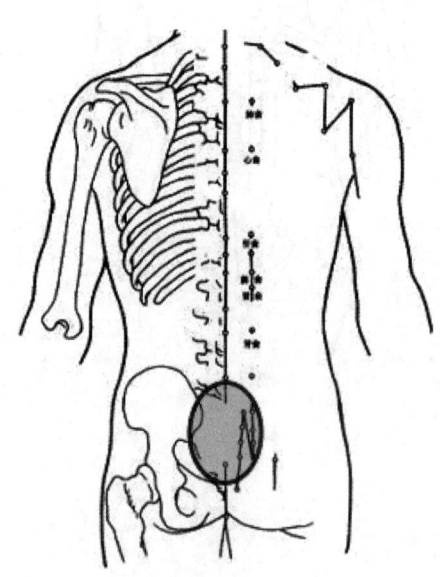

◆身体地图之家庭关系

正如我们的 DNA 记录了我们全部的遗传信息，我们的身体，不仅会反应我们自己的健康状况、情绪、行为模式，也会反映我们的家庭关系。通过身心能量的调整不仅能调整自己的身体和心理健康，还能改善家庭关系。

①后背一侧高起

身体肌肉在紧张的状态下是绷紧的，如果长时间处于这种紧绷状态，这部分的肌肉就会比其他部分紧实，显得凸出来一块。当我们看到一个人某一侧的后背凸出来时，我们几乎可以判断他那个部分经常处于紧张状态。而身体的紧张通常是由心理的紧张引起的。中医讲，我们人体分阴阳，左为阳，右为阴，这样对应的人际关系就是左为阴，右为阳。左边对应的是与母亲、女性的关系，右边对应的是与父亲、男性的关系。所以我们从这个区域可以判断出他与父亲、母亲的关系。

如果左侧后背凸出来，这样的人往往与母亲的关系不和谐，有冲突，跟母亲的关系不好或纠葛不清会在身体左侧背部造成神经、肌肉的紧张，导致身体能量的纠结。

如果是右侧后背高起，则是与父亲的关系紧张。其实在前面讲到情绪与疾病在身体上的表现时，我也提到了右侧的条索或板结，比如右侧肩胛与胸椎之间的条索所代表的愤怒与紧张，通常是针对父亲或以父亲为象征的权威人士的。这样的女性，心里很需要父亲的爱，但又不接受父亲，于是寻找男性的爱,寻找一种保护性父爱作为补偿。当对方给不了她需要的父爱时,她会感觉又经历了一次创伤。如果是男性,同样代表着与父亲的关系,但行为表现不同,他会对女性非常照顾,对爱有一种控制的欲望。

两侧后背不协调,也代表着父母之间的亲密关系不和谐。

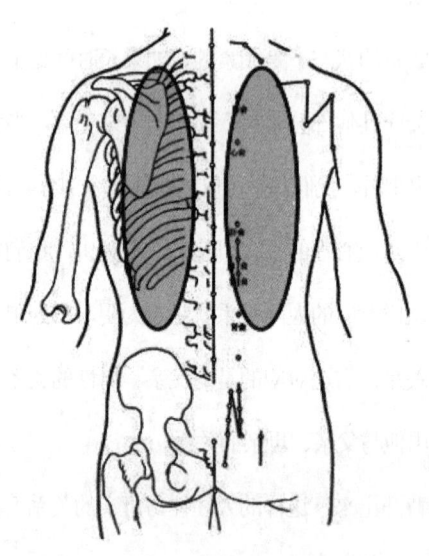

②肩颈塌陷

在讲述浪漫型人的内心世界时，我提到过他们肩颈部位的塌陷与父爱的缺失有很大关系。在我的治疗经验里，肩颈部的塌陷代表了与父亲关系的疏离，也就是说，案主在父亲那里没有得到赞赏和认同。这样的人容易缺乏自信。在传统观念里，母亲承担了大部分教育子女的责任，但其实父亲在孩子的成长过程中所起的作用也不能忽视。母亲的作用在"养"，父亲的作用在"教"，所以三字经里有"养不教，父之过"的说法。父亲对孩子放任自流，孩子长大以后就不懂得必要的尊重和臣服，会自大甚至为所欲为；而如果父亲对孩子过于严苛或者冷漠，没有给予必要的赞赏，孩子长大后就容易缺乏自信，做事缺乏目标和动力。

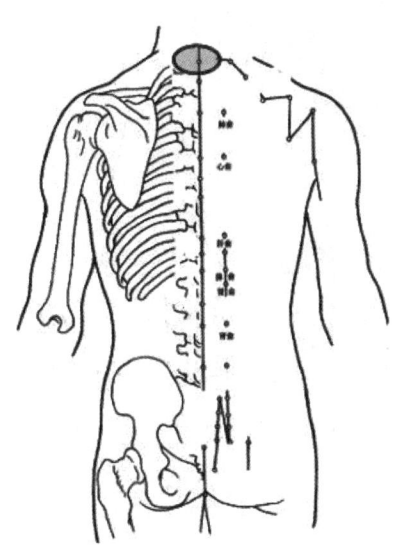

③胸椎塌陷

胸椎部位,也就是两个肩胛之间的位置,如果这个部位是塌陷的,通常说明他与母亲之间的心理距离较远。

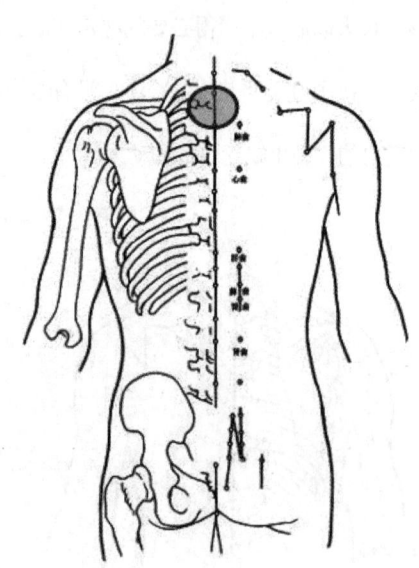

④腰椎塌陷

腰椎部位塌陷，说明父亲的力量不够。此处与②区塌陷的不同在于这里指的是现实生活中父亲的力量，而②区所代表的缺乏则心理层面居多。比如，父亲在生活中比较懦弱，但对孩子很关心，这样的孩子肩颈部位是没有塌陷的，而在腰椎部位有塌陷。父亲的力量不够而导致孩子的力量不足的情况在男孩子身上更为多见。

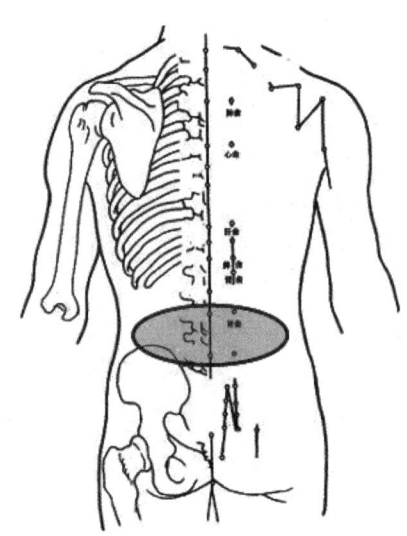

⑤臀部干瘪

臀部的干瘪与母爱的缺失有关。上面已经说到父亲对孩子的影响，父亲是力量的象征，如果父亲的力量不够，会影响孩子以后的发展。而母亲是爱的象征，如果母亲的爱不够，孩子则会臀部干瘪，在行为模式上，有可能会以过多的承担和付出去换取母亲及其他重要他人的爱。

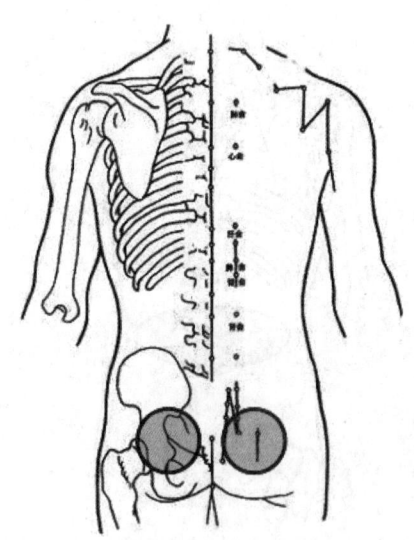

⑥脊柱侧弯

脊柱侧弯的人，小时候父母吵架比较多。孩子心里对父亲和母亲的爱原本是没什么区别的，当他们看到父母吵架会感到很纠结，为自己的立场而纠结，这种纠结就反应在他们侧弯的脊柱上。有的人往左弯，说明他在父母的争吵中向着母亲；有的人向右弯，则表明偏向父亲。但我经常遇到脊柱弯成了 S 形的患者，可见他们在父母的争吵中多么纠结！

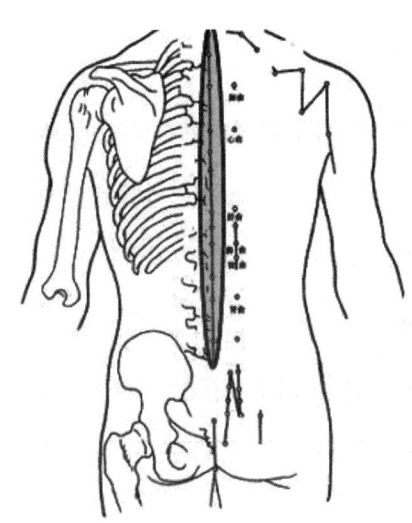

◆身体地图之人生经历

前面的部分，我已经向大家解读了身体的语言，即身体背部不同的反射区域的板结、隆起、僵硬等情况所对应的情绪、身体状况及病症，那这些身体语言是在什么时候、在什么情况下产生的呢？

这一切，都来源于我们人生成长过程中的经历。人生经历，是我们人生宝贵的财富和资源，这些财富和资源在帮助我们成长，帮助我们完善自我，而同时，这些人生经历也记录在我们的身体当中，让我们在合适的时候去仔细地阅读、学习并领悟。

接下来，我就我多年的总结，向大家陈述一下这些人生经历是在何时、以何种方式被记录在我们的身体当中，并对我们的身体产生了怎样的影响。

脊椎由24块分离椎骨、一块骶骨和一块尾骨借椎间盘、韧带和关节紧密连接而成。骶椎在医学上也分五节，只是这五节连在一起了，统称骶椎。脊椎还控制着我们的五脏六腑，我们五脏六腑各内脏的神经都是通过脊椎发出的神经去控制的。脊椎上还贮存着我们各年龄阶段发展经历的信息。

尾椎和骶椎记录着我们的0～3岁；

腰椎3～5节记录着3～6岁；

胸椎11～12节、腰椎1～2节，这4节记录着6～12岁；

胸椎1～10节记录着12～22岁；

颈椎1节～胸椎10节记录着22岁到老。

---

①尾椎、骶椎与0～3岁

0～3岁对应前面讲到的身体地图中的整个尾椎骨和骶骨部位。正常躯体的臀部两侧很丰满，而骶骨中间是塌下去的，这里既有肌肉又不厚重，柔软，能摸到骨头。如果这个部位一点弹性都没有了，摸到的是干枯的骨头，则说明他在0～3岁肯定经历了很大的危险，感受到很大的恐惧。

如果这个部位中间高于两边，有很多肌肉，但不硬，说明他在这个年龄阶段经历过分离。每个人的骨骼结构不一样，大部分人这部分的骨头是凹进去的，而也有少部分人这边的骨头是凸出来的，关键是看这里的肌肉，如果这里的肌肉很厚，甚至凸出来了，就是有问题的。这样的人会无缘无故地产生委屈感。

当然这里发生变形还有可能是由外伤引起的，也有可能是先天畸形。但外伤所产生的情绪和前面讲的情况是不一样的，影响也是不一样的。比如，一个剧烈的疼痛会在内心产生一个恐惧感，当遇到相似环境时身体才会有同样的反应产生。就像俗话说的：一朝被蛇咬，十年怕井绳。

而0～3岁的幼儿离不开父母的哺育和照顾，如果在这个阶段未得到基本的照料，日后可能变得贪婪和具掠夺性。很多心理疾病的症状都是在这个阶段形成、发展的，例如自闭症、躁郁症、边缘型人格、反社会型人格、强迫症、癔症等症状。

我发现，身体上的这个区域正好对应着人的安全感。骶骨的神经都通向生殖器，我们的生命由哪里来？生命源于睾丸产生的精子与卵巢产生的卵子结合成的受精卵，都跟生殖有关系。我们在胚胎时期或刚刚出生时有一些情绪会跟这里（骶骨）有关系，这部分叫无意识情绪。这个地方如果不通畅，就会影响我们的生命力，就容易觉得累，很疲劳。身体方面容易得皮肤病、免疫系统疾病、内分泌失调、失眠症等。这类人睡觉很容易警惕，有一点动静就会醒。为什么呢？因为没有安全感。这里要注意，这种警惕与小说中的武林高手不同，因为武林高手已经把自己的经络打通了，和周围事物都产生了联结，所以一有动静就会有反应。当一个人是柔软的、气血通畅的，他也会非常敏感，对周围的环境变化有相应的反应。

有人会问，我现在得的疾病比如皮肤病都是长大以后的事情了，跟小时候有什么关系呢？有时候一个身体上的聚结要到一定年龄才表现出相应的问题，每个人的表现时机都不一样。但如果这个区域有了聚结，可以肯定他长大了身体会出现问题，只是出现的时间早晚而已。

②腰椎3～5节与3～6岁

3～6岁对应腰椎3～5节，"腰为肾之府，肾藏精主髓"。肾中精气是人体的基本物质，也是人体生长发育及各种功能活动的物质基础。这个部位堵塞，人的生命力就会降低，会让人产生不明缘由的消极感、恐惧感、焦虑感，总觉得自己不安全，但是又察觉不到问题，这在心理学上被称为期待性焦虑。这样的人情绪是非常复杂的，他有时讨好，有时指责，有时打岔，有时会无缘无故地发火，有时会无缘无故地消沉。恐惧性的情绪是我们的原始情绪，它会转换，转换成焦虑、愤怒、委屈。

这个时期的孩子处在弗洛伊德所说的产生恋父恋母情结的"俄狄浦斯期"。人在这个年龄阶段要发展出自主接受世界、看待世界、从语言和行动上来探索和扩充环境的能力。这个时候产生的创伤会很复杂，即他觉得自己无论做得多好，都不够好。于是，各种各样的情绪便产生了。

如果这里聚结很厉害，就容易产生神经系统疾病如失眠，泌尿系统疾病如慢性肾炎、肾虚、腰疼，还有免疫系统疾病。因为这里已经开始影响生理神经了，这些神经根汇集到我们的生殖器，所以如果这里存在一个巨大的恐惧，会伤及生理。

③胸椎 11～12 节、腰椎 1～2 节与 6～12 岁

一个人腰椎的 1～2 节这部分坚硬并且厚重起来，我们就可以判断他 6～12 岁有一些事情发生过，这里的事情一般是分离焦虑，而且是有意识的分离焦虑。这种焦虑是有亲人离开了，这个亲人与他的联结特别深。之后他便会出现这样的状况：只要有分别，就不能接受。这里有恐惧，孤独的恐惧，还有依赖，他会对对他好的人产生依赖。

6～12 岁的孩子进入学校，开始系统地学习各种知识技能，如果这个时期的孩子没有体会到学习的乐趣，会形成一种自卑感，对自己失去信心，怀疑自己的能力，这个时期也是青春期的前期。

④胸椎1～10节与12～22岁

12～22岁对应的部位堵塞大都跟情感伤害有关系。这个年龄阶段人的身体不但外形巨变，体内各种生理机能也迅速增强并逐步趋于成熟，出现情绪和情感的两极化。面临成年前的发展，青春期的青少年不断对自己的社会身份进行着探索和确认，聚焦于别人对自己的评价和自我感觉的比较。确立同一性、形成爱的品质，是这一阶段的发展主题。

⑤颈椎1节～胸椎10节与22岁以上

22岁以上对应的这部分涵盖12～22岁的区域（背部胸椎到颈部），大部分和我们的情感有关系，比如和父母的沟通、和朋友的沟通都会反应在这一个部分。

这个部位大部分显示当下的情绪和能意识到的情绪，比如我们当下发生一些事情。失恋会反映在心俞部位，工作压力大也会反映在这个部位，和老公有情绪可能反映在胃俞部位，生活当中经常压抑愤怒则会反映在肝区部位。

这个部位没有年龄界限，哪怕四五十岁的经历与情绪也会反映在这个部位，这是有意识的情绪区域。

以成长的时间段作为研究和探索人身心发展的阶段标准，是一个相对常用而共通的方式。联系到前面讲的身体地图，我们可以更清晰地了解身体记载的信息发生在哪个年龄阶段。这些是我的临床经验，其成因还有待进一步研究。本章内容，归纳于下面三张身体地图中。

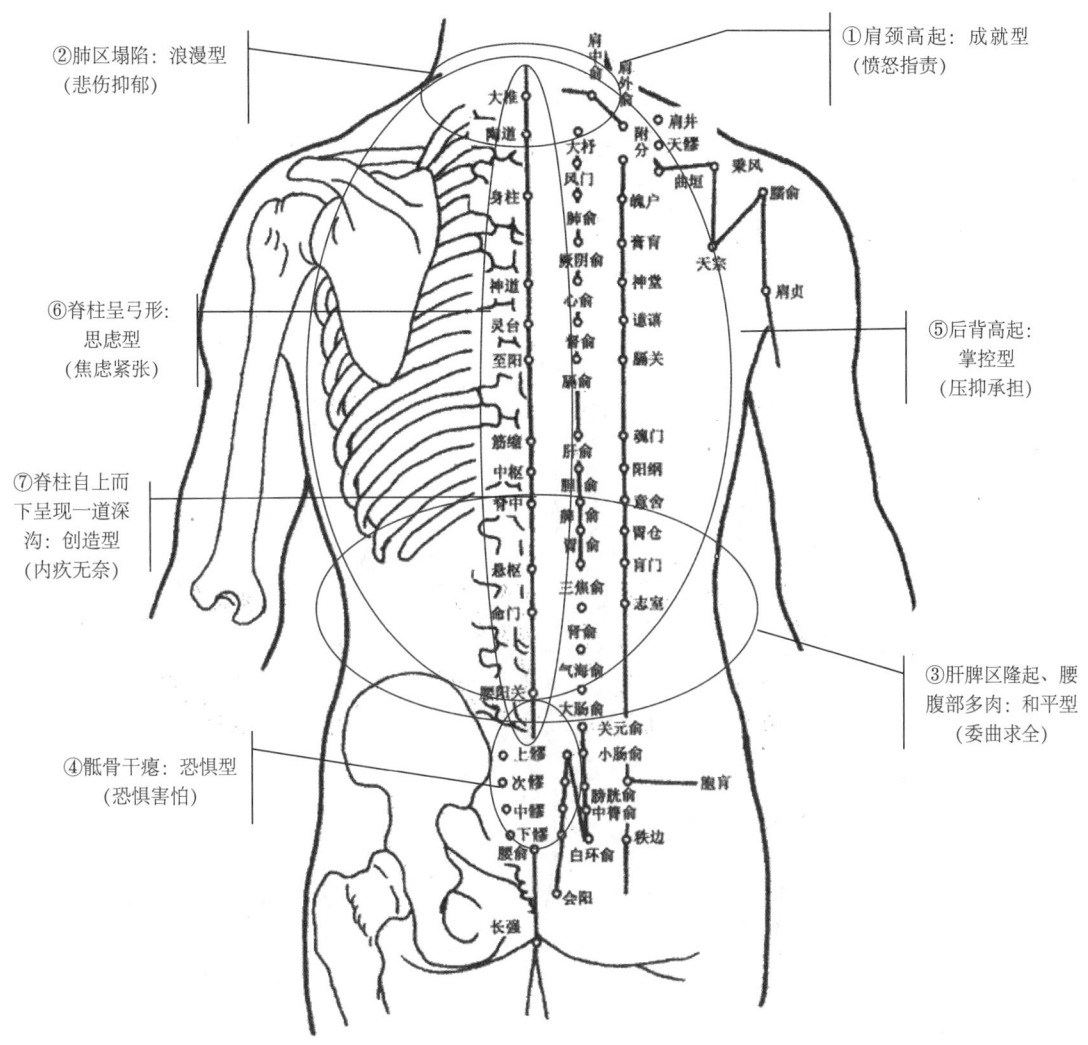

图一：身体地图之行为模式

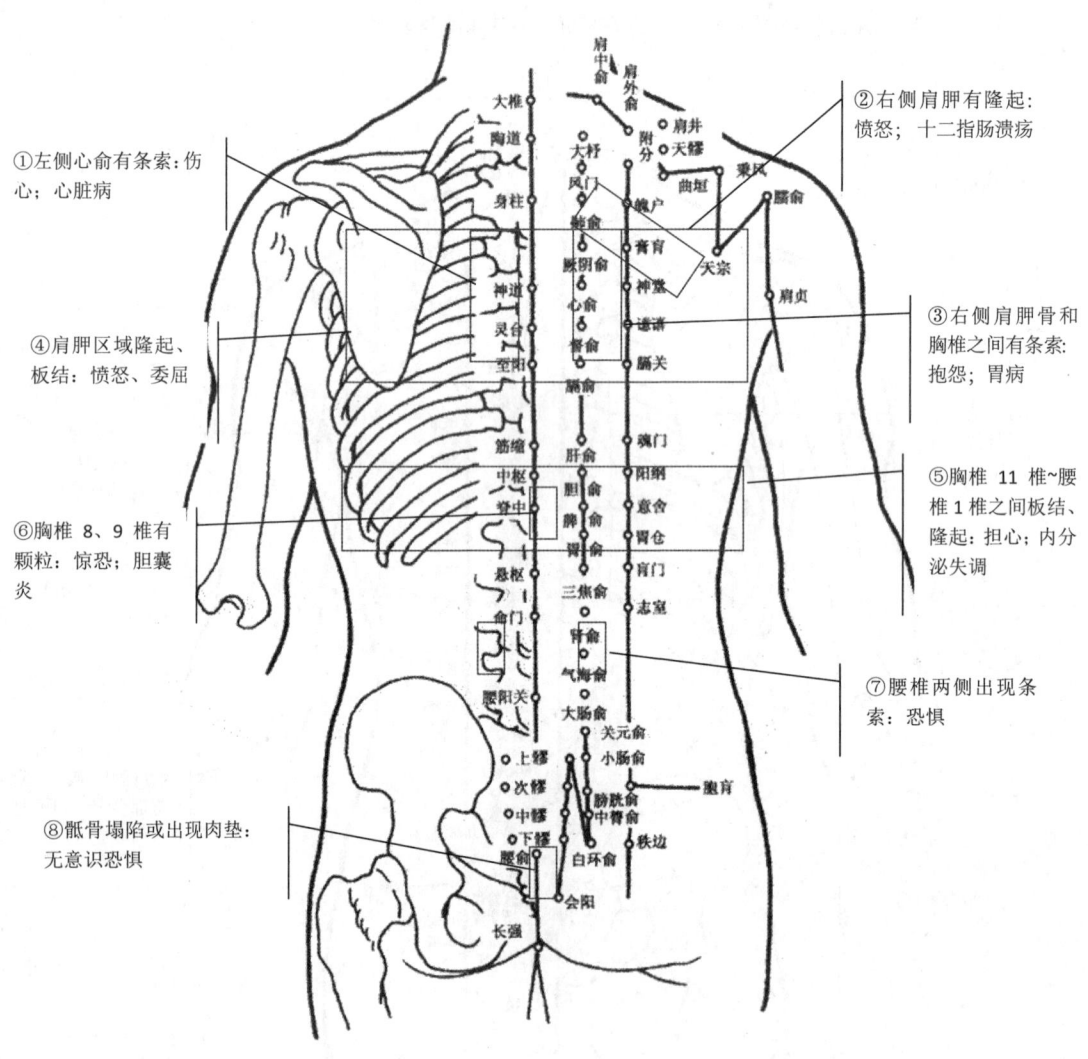

图二：身体地图之典型情绪与潜在疾病

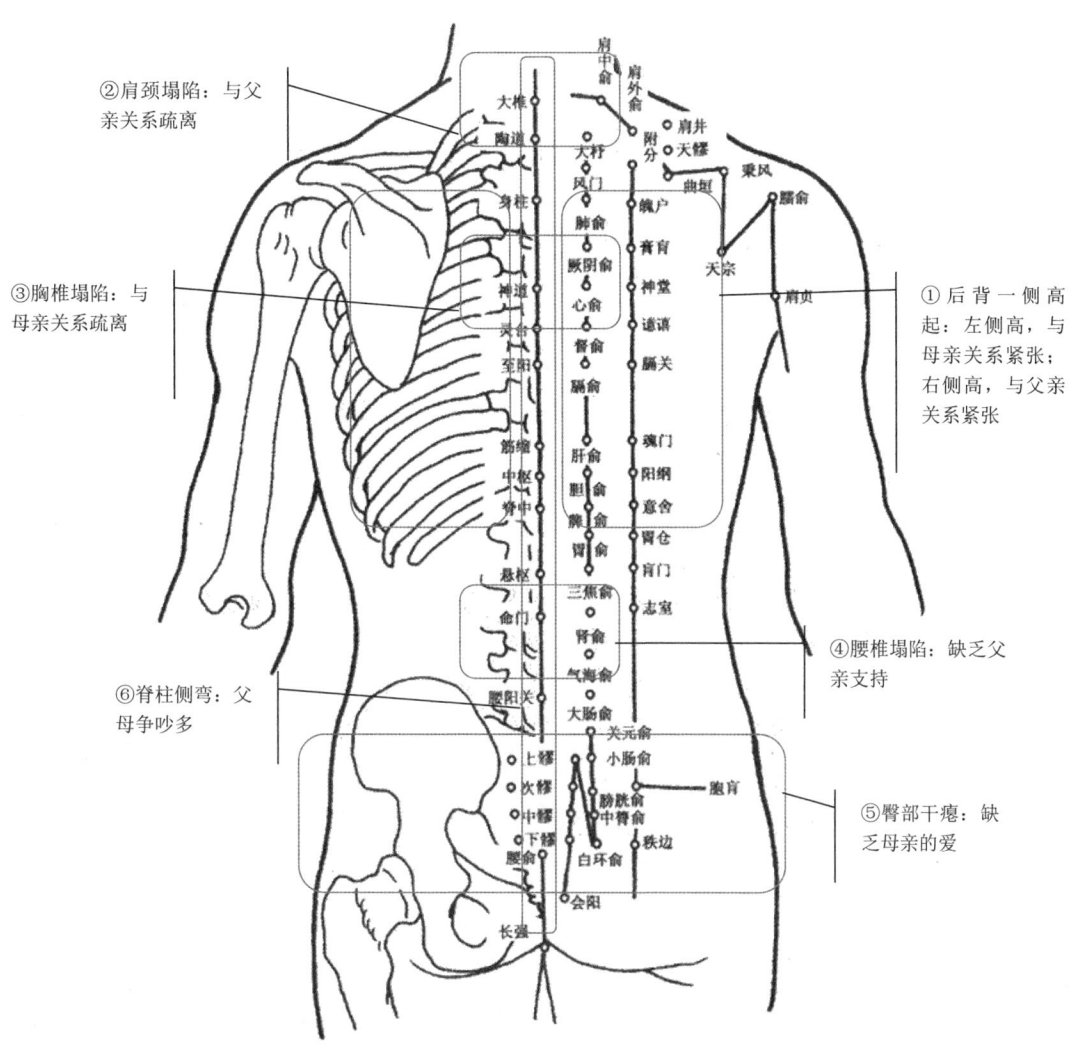

图三：身体地图之家庭关系

第十章
身心能量整合疗法治疗心法

我是一个讲求实效的人,所以我把自己的技术总结出来,希望可以让大家快速领会。当然我的归纳和总结还很粗浅,人有千姿百态,病有百转千回,并不是我这几个类型、几张地图可以囊括的,不尽之处还希望大家一起来探讨。同时我也深深知道,我所说的只是表面的现象,在这个表面之下有着万千博大精深的自然规律。这些规律,我们人类能窥见的,可能不足万分之一,我权且称其为"道"。如果不领悟自然之道,那我的这些技法只是一些浅显的皮毛。所以在平时培训、治疗之余,我把我对身心能量整合疗法的内在之道、自然之道的理解,做了一些整理,形成了下面的文字。这里面没有实际操作手法,却汇入了疗法的精华。这就像修习一门武功,不仅要学会招式,更要理解心法,才能用得出神入化。这些文字权当身心能量整合疗法心法,得其心法,才能得其精要,得其精要,才能成竹在胸,自助助人!

一、刚柔并济

何谓刚柔？水者，天下至柔；铁石，天下至刚也。然水之绵绵，林可却之，山可崩之，铁石朽之，虽至刚者不能止水也，孰强孰弱哉。故从水之德，大道也。至于人者，则刚硬在骨，故择其重，用其曲钝，意在不工。柔软在脏，其系在背，居在胸腹，然弱而不受，故取路其筋，以经络递之，遥而益之。夫以己之刚，触人之柔；以己之柔，愈人之刚；以柔克柔，力不能留；以刚克刚，两败俱伤，要也。当明刚者之用，取法其柔；柔者之用，取法其韧；韧者之用，取其绵绵。绵绵之力，密而不绝，若水之穿石，血脉汩汩，解索通关，以利天下。

什么叫作刚，什么又叫作柔呢？水是天下最柔软的东西，而金属、石头是天下最刚强的东西，但是水以绵绵不绝，可以令丛林却步，山体崩塌，金属腐朽，即便是最刚强、最坚硬的东西都不能阻止水的流势，我们又怎么评判到底哪个强、哪个弱呢。所以水之德行是大道所在。联系到人的身体上，坚硬的是骨头，而柔软的是脏器。人体的脏器大都在胸腔和腹腔之中，在后背都有相对应的位置。但是脏器通常太柔弱，不能直接用力，所以就从相关的经络入手，让力量通过经络达到脏器，对脏器起到补益的作用。我用硬的骨头部位去按摩经络，又用轻柔的手法去触动坚硬的结节。如果单纯轻柔地按摩经络，那么力量就不能渗透到经络里，但如果用蛮力去按揉结节，则会两败俱伤。所以在使用手肘等坚硬的部位做按摩时，力度要柔和，而在轻柔的按摩时，又要保持足够的韧性，以使力量能绵绵不断地渗透到经络里。就好像水滴石穿，以汩汩流动的血脉去推开淤堵的经络，这样才能获得全身的健康。

二、动静相宜

技艺之基，何也？夫愈人之疾，应于表则静之，循环往复而不离，以为立足之地，相于里则驱之，左右弹拨而不僵，以为千里之始。夫己身不动，人亦不动。己身不可动，动则失，失则乱而不益。人亦不可动，动则损，损则事半其功。夫不失不损者，曰可。然何者动也？唯刚柔之机也。故欲祛人之疾，必处于静而不扰，方驱人之里，和之，引之，牵之，舞之，融之，消之，曰通。动静之机，不可不查，其力生于静，方不过不失，动而不竭，如江河也。能者，曰善。

使用身心能量整合疗法的基础在于动静相宜。在治疗疾病的时候，表面上要保持安静，不宜直接刺激病灶，要在身体相关的部位上慢慢去弹拨，让气血开始运行。身体里的气血还没有运行到病灶时，切不可妄动，妄动就容易扰乱了身体自己的调节过程，反而造成损害，结果事倍功半。什么时候可以动了呢？要看刚柔时机。动静的时机需要在治疗过程中去体察，在静中产生的动力才能像江河一样奔流不竭。所以治疗疾病，必须先不去干扰病灶，而从身体内部进行调整，引发身体自身的调节，最终达到消除症状的目的，这就可以说是"通"了。

三、张弛有度

何为操持之要？力之所至，皆有法也。法曰张弛、枯荣、盛衰、吐纳，存于万物而万物存焉。是何使哉？张弛之要，名度。度之用不可溢，溢则伤其痛，缓其医；度之用不可匮，匮则虚，挫其志，增其疑。故夫辩其方寸，识其起伏，方用其度，至其力，得也。效用之机在于一张一弛，其立于一，力相连，势相通，姿相生。张遵其柔，驰乘其刚，而不乱其度，如钟摆往复，如日月起落，如海潮抚岸，于收放自如间理其肌体，走其气血。生也。

身心能量整合疗法在使用中的要点是什么呢？只要是外力到达的地方，就有一定的规则。比如紧张与放松、枯萎与繁荣、兴盛与衰落、呼出与吸入，这些是所有事情存在的必然规律。紧张与放松的度尤其重要，如果过分用力，会使得肌肉过分紧张，反而会伤害病灶，延缓医治的过程。但如果医治的力量不够，病灶也不会有所改善。所以对方寸之间身体的改变都要十分留意，才能使力量拿捏得恰到好处。有张有弛才能产生疗效，才能让治疗的效力绵绵不断地进入身体里面，使柔软的经络和坚硬的病灶都得到很好的处理，收放自如，既不扰乱身体原有的秩序，又让身体得到调整，气血运行，生生不息。

四、深浅有序

施治之序,深浅有别。深浅之用,一曰有别,二曰有序也。有别者,在夫力之所透也,在患结之所存也,浅则至人之皮肉,深则及人之筋骨。浅施于深,弱;深施于浅,过。夫用之,当明辨其别,勿徒增其伤,不得其意。有序者,施治之先也。人初触其身,应缓行其浅,蓄其深,不使其觉而备之。备则恐,恐而无益。当用其浅,使其柔,驰其躯,安其神,甘之若饴,然后万钧之力可也。务必以浅试之,后以深施之。日增其力,不以燥取,急而操持者,过犹不及也。

在调理过程中,对于治疗手法的深浅要特别留意。深浅有区别,也有一定的顺序。深浅的区别,指的是力量渗透的程度。浅一点,可能只是在皮肉上,太深入又到达筋骨处。该深入的地方,如果用力太浅,效果就会弱;应该用浅力的地方过于深入,又会伤害身体。所以在为别人调理的时候,要分辨明白,不要再造成新的伤害。同时,深浅也有一定的顺序。在刚刚做调理的时候,初次接触身体,要慢,要浅,让身体适应,然后再进一步深入,不要在身体未完全打开、没有防备的情况下深入。否则身体会有受到侵害的感觉,会产生恐惧,对调理没有益处。当身体在浅浅的、缓缓的治疗中完全打开,肌肉也放松下来,心神也安定下来,这时再用力深入,会收到很好的效果。如果太过急燥,颠倒了顺序,就会过犹不及了。

五、补泻并举

夫施治之法,和而不同也。但愈人之病,健其筋骨,荣其腠理,充其心智,然也。而何以为之？其要在补,其要在泻。人之初,不知而平也,轻者升,浊者降,气血不为滞；失则悲,得则喜,情志不为困。然辨是非,明荣辱,劳其身,又伐其心,则以不平出。夫能不患得失乎？能平复乎？难为之,先天不存久矣！舍其平而丧其型,人皆如斯,气血滞而生恙,情志扰而生疾！常与之,如聚沙为塔,百病加之,顽疾呈之,名为虚实。虚实之理,自当辩其虚实寒暑,施之补泻而畅达,调之阴阳而和谐。取其迅,行其缓,散之聚之,解其实或凝其虚；用其轻,使其沉,促之抑之,增其强或弱其丰。曰损有余而补不足,天常行。夫视而后用,得而发之,方有其妙也。

调理身体的方法有很多种,在原理上一样,但在具体操作上又各不相同。但凡要疗愈疾病,都是要使人的筋骨强健,肌肉坚实,血脉畅通,心智充盈。如果做到呢？要补泻并举。当人还是健康的婴儿的时候,没有是非对错的观念,心境自然平和,轻气上升,浊气下降,气血畅通,不高兴就哭,高兴就笑,情绪自然地释放。这是一种健康、平衡的状态。但是随着人的社会化程度越来越高,是非对错各种观念进入了头脑,人又被各种观念驱使着去做事情,有情绪时也不敢直接表露,这样不健康、不平衡就产生了。人是社会性的动物,很难不患得患失,也很难再回复到婴儿时的平静、平衡状态,这样气血凝滞带来了不适,情绪堆积带来了痛苦。慢慢地这些身体上的不适和心灵上的痛苦叠加起来,就以疾病的方式呈现出来了。中医上将这些归结为实症与虚症。对于实症要用泻的手法,将多余的、淤积的部分清除掉,而对于虚症则要用补的手法,将匮乏的、缺失的部分补充进来,让身体恢复到平衡的状态。这才是身心能量整合疗法的妙处。

六、不拘一地

夫七尺之躯,视而不一,与众人,高下有别,粗细有分,枯腴相错,盛衰相异,其形之差,多不胜数。然哀乐喜悲,生老病死,远异乎?脾土衰则精微无以至,肾水竭则骨髓失其俊,怒不泄即灼其肝,忧不解乃损其肺,孰能外乎?此谓知其表,更明其里也。然何以精进也?若言其艺,人之内映于外,不孤也,人之外照于内,非单也。夫初习之者,尝居一处,采一法,以愈其身,虽有效而不彰,却之缓矣。是以洞彻为先,行术其后。须知人之身体,左右互统,上下相系,表里为一,当熟而观之,实为网也。故一病出,多有应焉,或现其目,其容,其舌,其印堂,或结在背,在尻,在丹田,在宗筋。既得之,又何以解之?施治以视,曰左右为解,上下为舒,法如流不失意之所守,转如轮谨遵神之所向。所及之处,其结易辟,其关轻取,精气通,血脉达,其病无以为继,存而不久已。

每个人的身体都不一样,有高有矮,有胖有瘦,外形的差异数不胜数,但是喜怒哀乐、生老病死却是有规律可循的。比如说,脾经功能不好,消化后的食物营养就送不到身体各处；肾脏功能不好，骨髓会慢慢耗竭；愤怒没有发泄出来就伤了肝；忧伤持续下去会损害肺，这些都没有人例外。这就是看身体的表象能知道内在的原因。做到了这一步之后，如何能够更进一步呢？对于身心能量整合疗法而言，人的内心世界和身体上的表现互相印证，都不是孤立存在的。刚开始练习疗法的人，可以集中用一种方法去除一个病灶，再看看身体整体的变化，这样效果虽然不会特别快地显现出来，但可以让初学者逐个了解身体的构造和运作规律。其实人的身体是一个整体，熟练之后，大家就会发现牵一发而动全身。一个地方有了问题，在身体其他地方也有呼应，在眼睛、面颊、舌头、印堂等地方都能找到对应之处，又或者在背部、臀部、腹部、宗筋等处有结节。如果我们能找到这些地方，按照人体的经络、血脉的运行规律加以疏导，就能疏通结节，让血脉循环，营养送达，疾病就没有继续存在的空间了。

七、心技一体

今世人赞吾之能，及高徒，吾愧之。古有善射之士，弯九石之弓，捻寸长之矢，距百步之遥，击首级之物，每无虚发，真如神技也。然世人称，此虽莽夫亦可达之，唯其不识劳作，精熟一事，岂敢称杰乎？今夫从其业，展其艺，昼夜累积，技得以长。时驱人之痛，减人之病，尝受赞而仰之。然今古之异，远乎？孰难孰易，相近也。

及门徒，不外有三，曰庸、智、达。庸者从之，使则观其型，仿其动，放而抱其言，困其训，得一二枝节，以为足，满之，滞而不前，不觉有它，后止步于此，自谓不远矣，喜。殊不知巍峨其山，广袤其林，皆一叶近目视为丘也。智者习之，常随其身，听其言，揣度其能，思量其意，方有所获，掌五六法门，驱百十疫病，世人恭其能，谓与师近矣，深以为是，傲。然究其境，穷其器，不离股掌之间，难出蜡炬之遥也，堪知之。达者投之，敬而不畏，畏而不惧，学而能思之，闻而仍疑之，更察其精妙，探其幽深，方得证悟大道，触类而旁通。更守其神，敛其情，恭其事，慎其行，安宁其心，有所不为。旁人视之，愚，泰然处之，明。其入则砥柱，出则栋梁，可传之，可托之，堪大任也。

所谓宗师之道，心技不离，以吾心近人心，以吾意体他意，如帆临海，如叶随风，洞其秋毫，方可为之。舒其志，展其情，或郁郁其心，或狂放其意，或痛哭流涕，或嗔怒不已，皆可允之，视如己出，则其不遇可释之，而后意随身走，行不言之音，有无声之慰，则驱邪匡正，平复残缺，事半功倍也。

我做了许多个案，他们觉得我的手法很神奇，对我的徒弟也称赞有加，我受之有愧。打个比方，古时候有优秀的神射手，可以拉开很重的弓，在百步之外以一根小小的箭射中敌人的首级。大家都觉得很神奇。当时也有人觉得这种技能草莽之人就能练会，他只精熟这一件事，算不得优秀。我也一样，我有机会学医，从医，日夜练的也就只有医术，这样才会有一些技术，可以减轻大家的痛苦。这与那个神射手又有什么区别呢？

说到徒弟，不外乎三类：庸人、智人、达人。庸人亦步亦趋，看师傅怎么做，他就怎么做，自己练习之后，可以学会一到二成，然后就沾沾自喜，觉得学得差不多了，却看不到山外有山的世界。智人则会经常跟在师傅身边，揣摩师傅的所说所做，加以分析之后再用到自己的手法之中，能掌握五六成，可以治疗多种疾病。听到别人的恭维便觉得跟师傅差不多了，那么他所见所得也到了上限。达人会与师傅投缘，尊敬师傅但不惧怕师傅，所以能勤学好问，有疑惑的地方就去探究。带着问题去观察，就能观察得更细致，多加思考分析，最终能悟得要领，触类旁通。更为难得的是，他还能保持助人的初心，不骄不躁，对身边的人和事都保持着一份恭敬和尊重，以平和的心态来看待别人的评价。这样的人，才是真正可以学到真知、委以大任的。

其实所谓"宗师之道"，就是以内心的感觉来引领技术，以他人之心为自己之心，以他人之身为自己之身，这样去感受别人的身体与疾病，让个案把所有的情绪都释放出来，愤怒、焦虑、恐惧、抑郁、无力……允许所有的感受自由释放，而不做任何头脑的评判，感同身受，手法也跟着内心感觉走，这样才能自然而然地为他人提供身体所需，帮助他人身体回到健康平衡的状态。

八、随身所欲

当今之世，施者人皆崇，受者人皆鄙。果乎？其实不然。求助之人，固其弱矣，行助之士，有其胜矣，然不逊之，无贱也。夫寻治者，纵其体，敞其心，弃盔卸甲，不设其防，虽一面之缘亦笃信不疑，听之任之，使之由之，无以而复加，自问何德何能值此重托也，自当铭记。夫施治者，每每行术，不以为损，反以为荣，必先端其神，正其容，俨然形貌，温和身心，始而触之。夫寻治者，各有其异，故上人辩症而行法，分阴阳燥湿，虚实寒暑，或同工异曲，或殊途同归。疏宗筋而缓其首，通腰腹而解其背，揉之，砥之，拨之，扭之，如切如磋，如琢如磨。因事择法，同道异术，查彼纤毫所在得而了然于心，方屡试不爽，非运也。盖千人千相，夫当知病程，病况，分老幼，盈亏，查好恶，因缘，加之技艺精熟，气血中正，心虚而不扰，体柔而不弱，以完备之姿，迎世间百态，所谓成竹在胸，胜券在握，每临一案，但创一法，存乎一心也，言及于此耳。

现在大家好像都觉得请求帮助是件很羞耻的事情，其实从我的角度看，来求助的人虽然好像是弱者，而帮助人的人好像是强者，但这都只限于某一方面，从整体上来说，人是没有高下之分的。求助者能够放松身体，敞开心扉，没有任何防备地让助人者来帮助他，那么助人者要自问一下，自己何德何能，可以让人如此重托。助人者明白了这个道理之后，就应该知道每次帮助别人，不是耗损自己的气力，而是增加自己的福报，所以要先自己端正心神，整理仪容，让自己身心柔软起来，再开始治疗。来求助的人，每个人的问题都不相同，在治疗的时候要注意辨症，分清楚阴阳燥湿，虚实寒暑，就能有异曲同工之妙。比如疏通宗筋可以缓解头部不适，而按揉腰腹可以放松背部。至于揉、按、拨、扭，这些手法很多，要慢慢体会，使用的时候也要用心观察身体的反应。只有根据身体的反应来选择治疗方式，才能真正治愈疾病，而不是靠碰运气。世人千姿百态，要疗愈身心，就要深入了解他们的身体和内心，再加上自己勤于练习，气血充足，心态平和，这样才能以不变应万变，对每一个个案都有独特的处理方法，帮助他们调和身心，解决问题。

九、生生不息

众人皆谓吾等却病有方，然不知其根本。其实，人者，居天地之间，受日月之养，集五谷精华，生也。然生者何生之？道也。夫五寸憕憕，至七尺堂堂，道于内耳，未见其外也。概凡夫俗子，十月而生，岁半而行，三五初成，十四弱冠，二八伟岸，至三十而立，四十不惑，五十知天命，六十耳顺，七十古稀，八十而耄，九十而耋，百岁斯颐，此先天之道，孰能幸免。有欲超脱者，古君王每寻长生妙药，穷江蹈海，掘地三尺，劳民伤财，不远万里，然其寿不彰，往往半百已矣。有方士尝炼不老金丹，八卦之炉，遍试其法，三昧真火，百炼其铅，而毒火攻心，暴毙而亡，何谈兵解飞升，弃衣成仙乎？不足取也。盖万物之道，自然也。圣人使之以牧万民，医者得之而愈众生，其名医生。然大道辉煌，森罗万象，皓首穷经，积世之功，仅得其皮毛，知其万一，且恭而行之，行而加之。

众皆问吾仁心妙术，何至于此？实乃阳数未尽者，命不绝也，夫能愈之，促其生，长其志，以吾微帛之力，招其自愈之能。此非人力所及，岂敢贪天之功也。然则，庸医见证，除而后快，不问其余，奈何反复。上医助人，重而成之，授之以渔，根绝其患。唯近道不同也，一曰克，一曰顺。克者火烧屋舍，其疾如风，然杀敌一千，自损八百。顺者雨降山林，其润无声，但肥沃其土，参天其木。何以为之？逝者如斯，不舍昼夜，如圣人言，如众生相，然郁结其情，阻塞其流，式微代谢，百病丛生。固疏而通之，以通为泻，以通为补，以通为煦，以通为养。则滔滔其流，周天不已。是为至简之道也。然其要如何？其要在具刚柔，识动静，施张弛，辨深浅，知补泻，不拘泥，备心技，行所欲，师法自然，承天之道，予天之术，以吾铮铮，使人生生。

道，吾以养，非吾养也。生，众皆存，非吾与也。技，吾所取，非自然也。故行弗远天下大路，医不尽地上苍生。万法取一，献与人间，任重道远，以待后人。

很多人都觉得身心能量整合疗法很神奇，却不明白它之所以有作用的原因。其实，我们居住在天地之间，受到日月的滋养，吃的是五谷食物，这些是我们维持生命的根本。这些生命又遵循何种规律以至生生不息呢？就一个字——道！从刚出生的婴儿到成年人，都是依道而生的。我们看天下每一个人，都是从十月怀胎呱呱坠地，慢慢会坐，会爬，会走，会说话，会做事，然后到少年、青年、中年，又慢慢老去，直至死去的。这个过程这就是天之道，所有人都没有例外。古时候的帝王热衷于寻找长生不老之药，上天入地，劳民伤财，无所不用其极，最后却很少能长寿的。也有道士想炼成不老金丹，尝试各种方法，结果自己毒火攻心而亡。更何况那些飞天成仙的传说，都不足信。万物生长是自然之道，圣人以自然之道来领导一方民众，就能使人民休养生息；医生以自然之道对应疾病，就能解除病痛。不过大道实在很高深，我们研究一生一世，能领悟的可能还不到万分之一，但这万分之一就足以让我们敬畏自然，敬畏生命。

别人看我调理身体，可以让脏腑恢复功能，身体恢复健康，好像很神奇，问这是为什么。其实能恢复的人是他们自己内在的生机还在，我只是挖掘出身体上这部分的潜能，让身体自愈。这不是我的功劳，只是自然规律如此罢了。只不过，一般的医生看到疾病，首先想到的是去除症状，而不去追究根源，这样疾病就容易反复。好的医生，要学会成全身体固有的自愈功能，让身体有抵御疾病的能力，这样才能根治。这其中的不同，就是一个克制，一个顺其自然。克制病灶，就好像火烧房屋，起效迅疾，但同时也伤害了身体原本健康的细胞。而顺其自然，就好像春雨润物无声，土地肥沃了，健康的机体就能很好地生长。如何去做呢？我们身体的生命力本来就好像水一样，日夜流动，有起有伏。但是某些过大的情绪冲击会导致经络血脉的堵塞或断裂，这样人体正常的代谢被阻断，体内产生的垃圾无法及时清除，需要的营养又运送不到，久而久之就导致了疾病的产生。

所以疏通经络血脉，加强自身循环，去除体内垃圾，增加营养，就可以使生命力恢复流动，生生不息。

　　这其实是一个很简单的道理，就是要仔细观察身体，在该柔的地方柔，在该用力的地方用力，张弛有道，深浅有度，而不拘泥于某一种技法或理论。归纳起来，就是要向自然学习，遵循自然之道。我只能略尽绵力，将我所悟到的分享给大家，希望对大家有所帮助，也希望不断有人加入进来，对自然之道多加领悟、多加宣传，发扬光大！